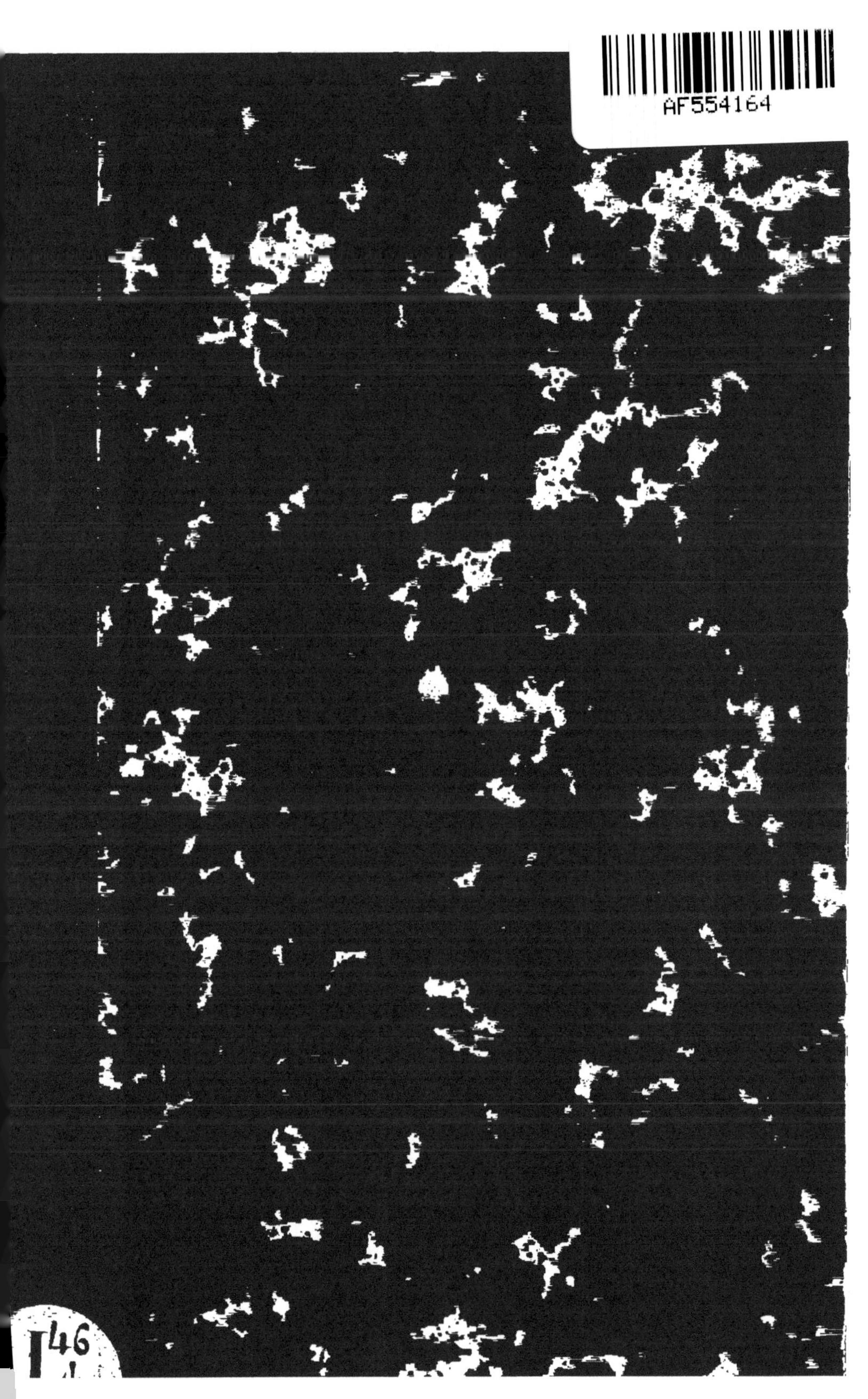

LA DUCHESSE
D'ANGOULÊME
A BORDEAUX.

Se Trouve

A VERSAILLES,

ANGÉ, libraire, rue Satory, n.° 28.

ET A PARIS,

CHEZ

LE NORMANT, imp[r].-libraire, rue de Seine, n.° 8;

DELAUNAY, libraire, au Palais-Royal, galerie de bois;

BRUNOT-LABBE, libraire, quai des Augustins, n.° 33;

BLAISE, libraire, quai des Augustins, n.° 61;

GUITEL, libraire, rue des Prêtres Saint-Germain-l'Auxerrois, n.° 27.

PILLET, imprimeur-libraire, rue Christine, n.° 5.

LECLÈRE, libraire, quai des Augustins.

LA DUCHESSE D'ANGOULÊME A BORDEAUX,

OU

Relation circonstanciée des Évènemens politiques dont cette ville a été le théâtre en mars 1815;

SUIVIE DU RAPPORT INÉDIT DE M. LE COMTE LYNCH,

Maire de Bordeaux, sur ces mêmes Évènemens.

PAR M. ALPHONSE DE BEAUCHAMP,

CHEVALIER DE LA LÉGION D'HONNEUR.

A VERSAILLES,

DE L'IMPRIMERIE DE J.-A. LEBEL,

IMPRIMEUR DU ROI.

1815.

LA DUCHESSE
D'ANGOULÊME
A BORDEAUX.

Bordeaux, sur la rive gauche de la Garonne, étoit déjà, selon le témoignage de Strabon, une ville importante quand les Romains en firent la conquête. Sous le nom de *Burdigala*, elle devint la métropole de la *seconde Aquitaine*. Plusieurs fois ravagée par les Barbares, elle se releva toujours, grâce à son heureuse situation, à son industrie et à son commerce; elle triompha ainsi des révolutions qui changèrent la face des empires. Peuplée de plus de cent mille habitans, cette ville est aujourd'hui l'une des premières du royaume par sa grandeur et par ses relations commerciales. Le site de Bordeaux, plus imposant, plus heureux que celui de Paris, est un des plus beaux de la France, et peut-être même de l'Europe.

Qu'on se figure une suite d'édifices étalés en demi-cercle, le long d'un fleuve large et majestueux ; des vues libres de tous côtés, des collines couronnées de vignobles, des villages, des bourgs qu'on aperçoit dans le lointain, et près de soi le mouvement des navires et la bruyante activité des marins ! Qu'on se représente un port admirable formé dans le lit même du fleuve, décrivant un vaste croissant de six cents toises de largeur !

Ausonne (1) donnoit à Bordeaux une forme carrée. Aujourd'hui l'ensemble de cette ville présente un triangle imparfait d'environ mille toises, sur cinq cent cinquante de largeur. En suivant la courbure de la Garonne, on retrouve un croissant dont la partie orientale comprend la ville, et la partie occidentale le faubourg des *Chartrons*, quartier vivant,

(1) Poète, grammairien, rhéteur célèbre natif de Bordeaux ; consul sous Valentinien Ier.

distingué par la beauté de ses édifices. Entre ce faubourg et celui de Sainte-Suzanne, s'élèvent les belles allées de Tourni et le jardin des Plantes, où l'on aime à reconnoître les formes majestueuses des Tuileries.

On entre à Bordeaux par dix-neuf portes, dont sept tournées vers la terre, et douze du côté du fleuve. Parmi les rues qui ouvrent la ville, on remarque celle du Chapeau-Rouge, rue magnifique, bâtie, comme l'est généralement Bordeaux, en pierres de taille blanches; elle aboutit au fleuve, communique au théâtre, au château Trompette et à la place Royale.

Bordeaux offre encore de précieux restes de monumens qui attestent sa haute antiquité. Là, c'est la *Porte-Basse*, qui remonte au siècle d'Auguste; ici, c'est l'*Amphithéâtre*, que les anciens titres de Bordeaux nommoient les *Arènes*; plus loin est la *Fontaine d'Aubège*, célébrée par Ausonne, et qui fournit encore de l'eau en abondance.

Bordeaux vantoit encore parmi ses monumens antiques le *Palais de Thûle*, ancien temple dédié aux dieux tutélaires, détruit sous Louis XIV pour accroître l'esplanade du château Trompette, sorte de citadelle qui domine et commande le port.

Parmi ses édifices et ses constructions modernes, la bourse, la douane, l'hôtel de ville, le théâtre, et le quai sur la Garonne, se font remarquer et méritent de l'être.

La monarchie florissoit encore, quoiqu'à la veille d'être bouleversée, déchirée, détruite même, et Bordeaux étoit à son plus haut degré de prospérité et de richesse; il en étoit redevable à son commerce et à son industrie. Toutefois, malgré l'influence prédominante de l'esprit mercantile, les sciences et les arts y étoient appréciés, honorés; l'instruction publique y étoit dirigée par des hommes d'un vrai mérite; on y cultivoit les lettres. En un mot, Bordeaux se montroit digne de l'allégorie qui orne le plafond de son grand théâtre: elle représente cette ville, protégée par le gouvernement des Bourbons, figurée sous les traits de la sagesse, et faisant son offrande à Apollon et aux Muses; l'encens fume; Mercure, dieu du commerce, préside à celui de Bordeaux, qui est représenté par des navires, des ballots, des marins et des ouvriers en grand nombre ; Bacchus et ses attributs annoncent une des grandes richesses du pays ; les bordelais en font des offrandes aux dieux tutélaires.

On connoît la sûreté et la commodité du port de Bordeaux ; il attiroit presque toutes les nations maritimes de l'Europe ; on y voyoit quelquefois jusqu'à sept cents navires de toute grandeur. Année commune, on y chargeoit pour l'exportation cent mille tonneaux de vin et d'eau-de-vie. Les vaisseaux de retour y apportoient les marchandises coloniales. C'est à la Garonne que Bordeaux est redevable de l'activité de son commerce. Ce fleuve, qui sort de la vallée d'Aran, dans les montagnes des Pyrénées, prend son cours du midi à l'ouest, et reçoit dans son sein plus de trente rivières ; après avoir parcouru plus de cent quarante lieues circulairement, il reçoit au Bec d'Ambèz la Dordogne, et prend alors le nom de Gironde ; puis il se jette à vingt-deux lieues au-delà dans la mer océane, aux pieds de la fameuse tour de Cordouan.

Cet édifice pyramidal, placé sur un rocher

à l'embouchure de la Garonne, sert de fanal ou de phare : et sous ce rapport il est estimé par les navigateurs le plus beau de l'Europe, à cause de la hardiesse de sa construction.

Ainsi le nom de Gironde est donné, non-seulement à la partie de la Garonne qui s'étend de l'embouchure de la Dordogne à l'Océan, espèce de grande baie capable de recevoir les plus gros vaisseaux, mais encore à la circonscription territoriale du département dont Bordeaux est le chef-lieu. Formé principalement du bordelais et du bazadois, il contient plus de cinq cent mille habitans sur cinq cents lieues carrées, et paye à l'Etat plus de cinq millions d'impositions. L'air y est tempéré et les pluies abondantes; son sol est uni, mais sablonneux dans la partie méridionale. Vers le sud-ouest et l'ouest, des cantons entiers reposent sur un fonds de glaise et de marne humide que les sables envahissent. Ce sol ingrat, l'industrie l'a couvert de pins qui fournissent au commerce la térébenthine et le goudron.

Les autres parties du territoire sont plus fertiles en grains, et surtout en vignobles, source de richesse si abondante pour les habitans. Là, le cep de la vigne peut être comparé à des arbres en plein vent. L'industrie des bordelais embrasse la culture et le commerce des vins, la construction des bâtimens de mer, les raffineries de sucre, les armemens pour la pêche de la baleine et pour les colonies.

De toutes ces branches de commerce, celle que Bordeaux entretient dans l'intérieur de la France est la plus foible; les montagnes qui isolent le bassin de la Garonne n'étant pas encore percées de canaux, aucune communication aisée n'est ouverte entre Bordeaux, Paris et Lyon.

Ainsi, presque toute l'activité des bordelais est tournée vers le trafic maritime. Ses vins mêmes qui se clarifient en vieillissant, s'améliorent dans les longs trajets de mer, et ne trouvent de véritables débouchés que sur l'Océan. Mais aussi quelle heureuse situation que celle de Bordeaux, communiquant à la grande mer par l'embouchure de la Garonne, et à la Méditerranée par le fameux canal de Languedoc ou du Midi, qui opère la jonction des deux mers : ouvrage immortel, où tous les obstacles de la nature ont été vaincus par le génie, l'art et les travaux constans.

Bordeaux n'avoit donc rien à envier aux autres villes du royaume. Sa prospérité, son éclat, ses richesses sembloient défier la fortune, lorsque la révolution française vint troubler le repos du monde, et dessécher tous les canaux du commerce maritime; mais nos déchiremens furent aussi funestes à Bordeaux, que la guerre de l'Europe contre la France. Dans le plus fort de la crise révolutionnaire, un parti connu sous le nom de *Girondin*, se forma sur les débris de la monarchie : c'étoient des républicains par sentiment et par système, dont les chefs faisoient partie de la députation de Bordeaux ou de la Gironde aux assemblées législative et conventionnelle. Parmi les diverses factions qui se disputoient le pouvoir, ils montrèrent les vues les plus saines et les principes les plus humains. Mais ce parti négligeant les moyens que la politique suggère, laissa prendre un ascendant fatal aux hommes sanguinaires, couverts de crimes, ivres d'ambition et décidés à tout oser pour régner sans rivaux. De là le régime de la terreur, si funeste à Bordeaux; de là dix années de convulsion et dix années de tyrannie militaire.

Bordeaux fut bientôt une des villes qui eut le plus à gémir du joug de Napoléon. Témoin pour ainsi dire des scènes de perfidie et d'horreur qui s'étoient passées à Bayonne, victime des mesures insensées d'un pouvoir fatal à l'Europe, Bordeaux voyoit son port fermé et son commerce anéanti. Ses habitans avoient connu, avant le reste de la France, les revers de celui qui, jusqu'alors, n'avoit trouvé de sûreté que dans le prestige de la victoire. L'exemple des Espagnols, unis pour repousser le tyran et pour reconquérir les Bourbons, enflamma les bordelais, et leur montra dans le lointain la glorieuse perspective de la Guyenne et de la Vendée en armes, redemandant que les fils de saint Louis leur fussent rendus. La bataille de Leipsick ayant affranchi l'Europe, on vit renaître l'espoir du rétablissement des Bourbons avec une monarchie limitée et légale. A peine le cri *Buonaparte a repassé le*

Rhin eut-il été répété d'un bout de la France à l'autre, que le cœur des royalistes de l'ouest et du midi s'ouvrit à l'espérance d'une révolution tutélaire. Bientôt une association royaliste se forma, dans Bordeaux même, par les soins et sous les auspices du marquis de Larochejaquelein, frère de l'illustre généralissime de la Vendée; de MM. Taffard de Saint-Germain, de Gombault, Alexandre de Saluces, de Pommiers, François Queyriau, Bontemps-Dubarry, J.-J. Luetkens, le jeune Macarty, Gauthier et de Mondenard, ancien officier de marine.

A la suite de plusieurs conférences, que l'ouverture de la campagne du midi par lord Wellington rendoit encore plus actives, M. le marquis de Larochejaquelein n'hésita plus de s'ouvrir au comte Lynch, maire de Bordeaux. Son autorité pouvoit être d'un grand poids, et ses sentimens pour les intérêts de la dynastie légitime n'étoient pas douteux. Quand le marquis de Larochejaquelein lui eut révélé l'existence d'un parti royaliste tout organisé dans Bordeaux, le plus noble enthousiasme transporta le comte Lynch, qui, se précipitant dans les bras de M. de Larochejaquelein, lui dit, tout ému : « Mon ami ! vous n'avez » pas de partisan plus dévoué ; c'est moi, » c'est le maire de Bordeaux qui aspire à » l'honneur de proclamer le premier S. M. » Louis XVIII (1) ». En effet, depuis longtemps cette secrète intention germoit dans le cœur de M. Lynch.

Réunis au maire de Bordeaux, les royalistes de la Gironde arrêtèrent un plan pour le succès de la cause sacrée qui faisoit l'objet de leurs sollicitudes et de leurs veilles. Ils voyoient lord Wellington tenir en échec l'armée du maréchal Soult, retranchée alors sur l'Adour, et de son côté, Napoléon tellement pressé par les armées de la confédération européenne, qu'il lui deviendroit impossible de disposer d'aucun autre corps d'armée contre l'insurrection de Bordeaux. Il étoit urgent de commencer ce mouvement royaliste, et de donner ainsi aux souverains alliés la preuve irréfragable qu'il existoit, au sein même de la France, un parti

(1) Hist. de la Campagne de 1814, liv. XII, p. 173.

fidèle à la cause de son roi, et qui n'attendoit plus que l'instant de se déclarer. Des députés se rendirent sur-le-champ auprès de lord Wellington et de S. A. R. M.gr le duc d'Angoulême, qui venoit d'arriver à Saint-Jean-de-Luz. Avec quel bonheur ce prince entendit le marquis de Larochejaquelein lui rendre compte des dispositions de Bordeaux, du dévouement sans bornes du maire de cette ville, de la situation de la Vendée, et de l'état de l'opinion en France : elle se soulevoit partout contre l'usurpateur.

Mais il falloit donner le signal ; il falloit obtenir de lord Wellington quelques régimens pour protéger le mouvement de Bordeaux. Le marquis de Larochejaquelein se rendit garant que cette ville se déclareroit à la seule approche de M.gr le duc d'Angoulême, et il pressa lord Wellington d'attaquer sur tous les points, et de se faire jour pour donner la main aux royalistes. La victoire d'Orthès ouvrit à ce général toute la ligne de l'Adour, et pourtant il hésitoit encore de favoriser un mouvement politique, persuadé que Bordeaux n'oseroit jamais se déclarer contre Napoléon. « J'en ré-» ponds sur ma tête, dit le marquis de La-» rochejaquelein à M.gr le duc d'Angoulême, » qui sembloit partager les doutes de lord » Wellington. — Vous êtes donc bien sûr » de votre fait, répond le prince? — Autant, » Monseigneur, qu'on peut l'être d'une chose » humaine. — Eh bien, reprend vivement » S. A. R., j'ai confiance en vous: partez ».

Maître du terrein par la victoire, lord Wellington ne balance plus, et le maréchal Béresford, détaché de son armée, se porte de Mont-de-Marsan sur Bordeaux, avec un corps de troupes anglo-portugaises. Ce général ne rencontre dans sa marche aucune force capable de lui disputer le passage, et la journée du 12 mars couronne la plus noble de toutes ces entreprises. Elle fut un véritable triomphe pour M.gr le duc d'Angoulême : les bordelais reçurent avec transport ce prince libérateur, le gendre et le neveu de Louis XVI, et le fils adoptif de Louis XVIII. On auroit dit qu'un seul jour de bonheur dédommageoit les bordelais de vingt-sept années de tyrannie et de misères.

Sensible à tant d'amour et de respect, M.gr le duc d'Angoulême, en sortant de la cathédrale, où venoit d'être rendu à la divinité un pieux tribut d'hommages et de gratitude, se dirigea vers l'hôtel-de-ville au milieu des plus vives acclamations. Là, il chargea les magistrats d'être les interprètes de sa satisfaction et de son bonheur. Une proclamation du comte Lynch, adressée aux bordelais, et digne du grand évènement auquel ce premier magistrat venoit de présider, contenoit les passages suivans, consignés dans les annales de la restauration :

« Habitans de Bordeaux ! le magistrat pa-
» ternel de votre ville a été appelé par les plus
» heureuses circonstances, à se rendre l'in-
» terprète de vos vœux trop long-temps com-
» primés, et l'organe de votre intérêt, pour
» accueillir, en votre nom, le neveu, le gendre
» de Louis XVI, dont la présence change en
» alliés des peuples irrités qui, jusqu'à vos
» portes, ont eu le nom d'ennemis.

» Ce n'est pas pour assujettir nos contrées à
» une domination étrangère, que les Anglais,

» les Espagnols et les Portugais y apparoissent; » ils se sont unis dans le Midi, comme d'autres » peuples au Nord, pour détruire le fléau des » nations, et pour le remplacer par un mo- » narque, père du peuple; ce n'est même que » par lui que nous pouvons appaiser le ressen- » timent d'une nation voisine, contre laquelle » nous a lancé le despotisme le plus perfide.

» Les mains des Bourbons sont pures du » sang français. Le testament de Louis XVI » à la main, ils oublient tout ressentiment; » partout ils proclament et ils prouvent que » la tolérance est le premier besoin de leurs » ames. C'est en déplorant les terribles ravages » de la tyrannie qu'amena la licence, qu'ils » oublient les erreurs causées par les illusions » de la liberté. Ces courtes et consolantes pa- » roles que vient de vous adresser l'époux de » la fille de Louis XVI, *plus de tyran! plus* » *de guerres! plus de conscriptions! plus* » *d'impôts vexatoires!* ont déjà rassuré vos » familles.

» L'auguste prince est dans vos murs; il » vous a fait entendre lui-même l'expression

» des sentimens qui l'animent, et ceux du » monarque dont il est le représentant et l'in- » terprète. L'espoir des jours de bonheur » qu'il vous assure a soutenu mes forces. Les » premiers, vous avez donné un glorieux » exemple à la France.

» Tout nous permet d'espérer qu'à l'excès » des maux vont succéder enfin ces temps dé- » sirés pour la sagesse, où doivent cesser les » rivalités des nations; et peut-être étoit-il » réservé au capitaine qui a déjà mérité le titre » de *libérateur des peuples*, d'attacher son » nom glorieux à l'époque de cet heureux » prodige.

» Tels sont, ô mes concitoyens! les motifs et » les espérances qui ont guidé mes démarches, » et m'ont déterminé à faire pour vous, s'il le » falloit, le sacrifice de ma vie. Dieu m'est » témoin que je n'ai en vue que le bonheur » de notre patrie. *Vive le Roi* »!

Telle fut la journée du 12 mars, où les drapeaux de l'Angleterre, de l'Espagne et du Portugal, réunis à l'oriflamme, annoncèrent que le signal de la restauration étoit donné; telle qu'une qu'une flamme électrique, la commotion du midi se communiqua d'un bout de la France à l'autre, et substitua bientôt à l'usurpation sanglante d'un étranger, le gouvernement paternel des Bourbons. On pouvoit tout espérer d'un régime salutaire et réparateur, qui, succédant au plus affreux despotisme, ramenoit enfin le calme au milieu de la France si long-temps désolée.

Déjà tout Paris avoit vu avec amour le monarque si vivement désiré; les acclamations, les cris de joie avoient été unanimes. Les regards s'étoient arrêtés avec attendrissement sur l'illustre orpheline assise à côté de Louis, et que sembloit émouvoir le témoignage de l'affection générale. On avoit vu la fille de Louis XVI s'avancer au milieu des Français, parée de ses malheurs, de ses vertus et de cette pieuse tristesse qui voiloit son front au milieu même de l'allégresse publique et de son propre triomphe. Les traits de l'auguste Princesse étoient empreints d'une douce mélancolie; ses yeux étoient humides de larmes; elle paroissoit un ange placé entre le ciel et la terre, pour réconcilier avec la divinité, cette France, où tant de vertus avoient été livrées à la persécution des méchans.

On eût dit que les bénédictions du ciel planoient sur MADAME; qu'à son aspect auguste, les douleurs, toutes les haines, tous les crimes étoient oubliés; que la religion sainte qui pardonne, rentroit dans les murs de Paris, et annonçoit à la France que ses maux touchoient à leur terme. Illusion passagère! Espérance trompeuse!

Cependant, sous une administration paternelle tout rentroit dans l'ordre, tout marchoit sans contrainte comme sans efforts; la justice reprenoit son empire, les lois étoient discutées; on jugeoit les actes du ministère; la patrie n'étoit plus un vain mot; la tranquillité régnoit dans les provinces; nos cités devenoient l'asile de la paix, de l'industrie et du commerce; le monarque s'abandonnoit à la loyauté de son peuple, et sa confiance attestoit la légitimité de ses droits. Mais le génie du mal veilloit pour bouleverser encore cette malheureuse France, dont le bonheur ne devoit être que le rêve d'un moment. Une trame horrible, ourdie publiquement, alloit précipiter la France dans l'abîme.

Cependant, à l'approche du jour anniversaire du 12 mars, jour si mémorable pour les bordelais, ils manifestèrent le vœu de revoir dans leurs murs M.gr le duc d'Angoulême, accompagné de Marie-Thérèse de France, son auguste épouse. Cette princesse avoit témoigné elle-même l'extrême désir de connoître une ville si chère aux Bourbons, et les bordelais avoient reçu l'assurance que LL. AA. RR. entreprendroient le voyage de la Guyenne au commencement de mars (1). En effet, le 5 mars, apparut sous les murs de Bordeaux, le prince adopté une année auparavant par les habitans de cette ville, lorsque la lutte étoit encore indécise entre le gouvernement de l'usurpateur et le gouvernement du souverain légitime. Il approchoit, ayant à ses côtés son épouse chérie, l'auguste fille de Louis XVI, qu'appeloient les vœux

(1) Voyez la lettre de M.gr le duc d'Angoulême au comte Maxime de Puységur, Pièces justificatives, n.o 1er.

des bordelais et leur respectueuse curiosité. On vit s'avancer au bruit de tous les canons de la rade, la gondole qui portoit le couple royal. Sensible aux témoignages d'amour qui éclatoient de toutes parts, MADAME dit avec émotion : « Ah ! je vois bien que nous appro-» chons de Bordeaux ! »

« Nous la possédons enfin, s'écrièrent les » bordelais, par l'organe de leur premier ma-» gistrat ; nous la possédons enfin la fille de » nos rois, la gloire de la France ; celle que » la divine Providence conserve pour être la » consolation du meilleur des rois, pour faire » le bonheur du meilleur des princes ; nous » la possédons enfin, non qu'un heureux ha-» sard ait placé notre ville sur sa route, mais » parce que sa bonté l'y a conduite ».

Un groupe de jeunes filles vêtues de blanc jetoit des fleurs sur son passage, et les accens de la ville entière célébroient cette époque nouvelle de bonheur public.

Toutes les classes de citoyens accouroient pour contempler cette Princesse chérie, et partout elle étoit reçue avec des transports qu'il est impossible de décrire. Les fêtes, les réjouissances, les revues se succédèrent. La garde nationale de Bordeaux, quoiqu'elle ne fût point encore tout à fait organisée, parut sous les armes dans une tenue admirable. **Madame** fut frappée de l'aspect imposant qu'offroit cette double ligne de soldats, dont un grand nombre n'étoient pas étrangers aux fatigues et aux dangers de la guerre. M.gr le duc d'Angoulême en témoigna plusieurs fois sa satisfaction aux chefs dont il étoit entouré, et plusieurs fois **Madame** mêla ses félicitations à celles de son auguste époux.

Dans une revue générale au jardin public, LL. AA. RR. admirèrent surtout les escadrons de la garde à cheval et le beau régiment des chasseurs d'Angoulême, ainsi que les troupes de ligne, formant, au milieu du jardin, un immense carré d'où l'on avoit écarté la foule. Les spectateurs mêloient leurs transports à ceux des soldats citoyens, et l'on entendoit répéter de toutes parts les cris de *Vive le Roi! vivent monseigneur et madame la Duchesse d'Angoulême!* On essayeroit en vain de peindre l'enthousiasme qui éclatoit à la vue des deux illustres époux. Cet enthousiasme se soutenoit avec la même énergie parmi les habitans, sans être partagé toutefois par la troupe de ligne : la plupart des militaires restoient froids et silencieux. Le général comte Decaen, gouverneur de Bordeaux, alléguoit qu'il n'étoit pas d'usage que les soldats sous les armes se permissent des cris (1).

Hélas! elle ne fut que trop passagère, l'allégresse publique! Au milieu des transports de joie que la présence de MADAME excitoit à Bordeaux, au milieu des fêtes qui se succédoient à l'approche du 12 mars, anniversaire si cher aux bordelais, un cri d'alarme se fit entendre, et la gaîté disparut tout-à-coup. Dans la matinée du 9 mars, LL. AA. RR. reçurent inopinément la nouvelle de la fatale entreprise de Napoléon, et de son débarquement sur la côte de Provence. C'étoit le jour même de la fête qu'a-

(1) Voyez le rapport du Maire de Bordeaux, Pièces justificatives, n.° 2.

voient offerte le commerce et la ville de Bordeaux, et que LL. AA. RR. venoient d'accepter. Dans un conseil secret tenu immédiatement au château royal, Mgr le duc d'Angoulême prit la résolution d'aller pourvoir à la défense du midi; mais on arrêta en même temps que, pour ne pas troubler la joie publique, S. A. R. ne quitteroit Bordeaux qu'après la fête. En effet, le duc d'Angoulême y parut avec MADAME, et nul ne remarqua en eux le plus léger trouble qui annonçât quelque sujet d'inquiétude. Le prince partit à minuit.

Le lendemain dans la matinée, MADAME annonça aux magistrats le débarquement de Buonaparte; dans la journée même cette nouvelle parvint de plusieurs côtés différens et se répandit avec rapidité; elle causa généralement plus de surprise que d'inquiétude.

Ainsi la tranquillité publique étoit tout-à-coup menacée par l'apparition subite de l'éternel ennemi de la paix et du repos de l'Europe, de celui qui, pour la bouleverser, prodigua tant de sang et de trésors, et dont la soif insatiable du pouvoir sacrifia tant de milliers d'hommes à l'édifice monstrueux de sa puissance éphémère.

L'horreur qu'inspira aux habitans de Bordeaux cette entreprise perturbatrice, rendit plus vif et plus passionné encore l'amour qu'ils ressentoient pour l'auguste fille de Louis XVI. Ils supplièrent MADAME de rester au milieu d'eux, et ils jurèrent de marcher contre l'ennemi du genre humain. Animés d'une double ardeur par la présence de MADAME, tous veulent s'enrôler pour la défense de la patrie. Chacun offre sa fortune, ses enfans, son sang, sa vie, et c'est entre les mains de MADAME que les autorités civiles et militaires viennent avec transport renouveler le serment de mourir pour le Roi. La troupe de ligne même (alors elle n'étoit pas égarée) prête de nouveau le serment de fidélité, et semble partager le sentiment qui anime les bordelais en faveur de la cause sacrée des Bourbons.

Cependant quelques magistrats dévoués

nourrissoient déjà des soupçons sur les intentions secrètes du gouverneur comte Decaen (1). Cet officier général avoit manifesté, dans l'origine, la prétention d'être à la fois gouverneur civil et militaire, et il paroît même qu'il entroit dans les vues de son parti qu'il réunît ces doubles attributions. Une décision ministérielle ayant condamné sa prétention, il en étoit résulté une sorte de froideur et même de schisme entre le gouverneur et le maire. Ce magistrat n'étoit aux yeux du gouverneur qu'un fonctionnaire embarrassant dont il falloit se défier. Le préfet (2) s'étoit dévoué au gouverneur; ainsi, à l'approche de la crise, l'autorité municipale se trouva en quelque sorte paralysée. A la vue du danger public, le zèle du comte Lynch l'emporta sur toute autre considération, et ce magistrat fit part à Madame de ses doutes, que réveilloient encore plus les circonstances critiques du moment.

Mais l'ame pure de Madame pouvoit-elle

(1) Voyez le rapport du Maire.

(2) M. de Valsusenay.

admettre la déloyauté et la trahison? pouvoit-elle pénétrer dans les replis du cœur humain et en sonder la profondeur? S. A. R. se montra parfaitement rassurée sur les intentions du gouverneur de Bordeaux, qui d'ailleurs ne cessoit de prodiguer des protestations de fidélité et de dévouement, et proposoit, avec une sorte d'empressement toutes les mesures qu'il jugeoit convenables aux circonstances. Il falloit agir, et Madame forma sur-le-champ une espèce de conseil présidé par le gouverneur lui-même. Le maire, le président du conseil général (1) et le commandant de la garde nationale (2) y furent appelés. Tous parlèrent avec confiance, et montrèrent d'abord un grand zèle pour les intérêts de la couronne. Toutes les autorités, tous les commandans militaires, tous les officiers généraux s'assemblèrent également au château royal, et firent éclater en présence de Madame un grand dévouement pour le service du Roi et pour la défense de la

(1) M. de Filhot de Marans.

(2) M. de Puységur.

ville, si elle étoit attaquée. Le gouverneur et le général Harispe ayant été interpellés sur les dispositions des soldats, répondirent sur leurs têtes de toute la garnison, et même de celle du fort de Blaye, si important pour la sûreté de Bordeaux.

Cependant MADAME pressoit la formation et l'armement des volontaires. Le conseil arrêta aussitôt qu'il seroit ouvert une souscription pour se procurer les fonds nécessaires à l'équipement et à l'habillement de la garde nationale destinée à entrer en service actif. On chargea quelques membres du conseil municipal de recueillir les souscriptions; et telle étoit l'heureuse disposition de l'esprit public, que le premier jour elles s'élevèrent à près de sept cent mille francs. Mais ce noble élan ne tarda point à se ralentir. Une foule de jeunes gens s'étant présentés pour prendre les armes, ils furent renvoyés par le gouverneur au général Harispe, et par ce général au commandant de la garde nationale; on allégua bientôt, comme partout ailleurs, que les armes et les munitions manquoient. Ainsi découragé, le zèle des jeunes bordelais devint infructueux, et les mesures de défense manquèrent d'ensemble.

Cependant les nouvelles devenoient de jour en jour plus inquiétantes. L'entrée de Buonaparte à Grenoble, la défection des premiers régimens qui s'étoient trouvés à son passage, et l'occupation de Lyon, annonçoient un danger réel et une crise violente. MADAME employoit une partie des nuits à recevoir et à dépêcher des courriers; dans le jour elle passoit en revue les volontaires, qui, répondant à l'appel du Roi pour la défense du trône et de la charte, venoient offrir leurs services. En applaudissant à leur zèle, MADAME leur parloit toujours avec autant de sentiment que de bienveillance. Elle entretenoit souvent les généraux, et leur recommandoit l'exécution la plus prompte des mesures de sûreté et de défense dont tous les élémens étoient à leur disposition. Mais les jours s'écouloient, et rien n'avançoit. On se perdoit en plans, en délibérations, en travaux préparatoires, au milieu des vaines protestations renouvelées par les principaux chefs militaires.

Etonnée de n'avoir pas vu le commandant du fort de Blaye parmi les officiers qui venoient chaque jour réitérer leur serment de fidélité à la couronne, la duchesse d'Angoulême notifia au gouverneur, qui toujours répondoit de tous les commandans et de toutes les troupes, de donner l'ordre positif à cet officier de se présenter devant elle le lendemain; mais la journée s'écoula sans qu'il parût, et S. A. R. en témoigna sa surprise et son mécontentement. Le gouverneur promit d'envoyer à Blaye un de ses officiers généraux, qui feroit dans la nuit même son rapport sur l'état de la place. A son retour, l'officier annonça que la garnison étoit dans le meilleur ordre et la place bien gardée. « Mais l'artille-
» rie, dit MADAME? — Je ne l'ai pas vue,
» répond l'officier. — Et pourquoi le com-
» mandant n'a-t-il pas obéi à l'ordre de pa-
» roître ici? cet ordre lui a été notifié depuis
» deux jours par le gouverneur. — Il ne m'en
» a point parlé ».

Le gouverneur proteste que son chef d'état-major a expédié l'ordre ; quatre jours s'écoulent sans que le commandant de Blaye obéisse, et quand il paroît enfin devant S. A. R., une extinction de voix l'empêche de renouveler son serment, et c'est le gouverneur lui-même qui l'excuse et parle en sa faveur. Tout ce que put obtenir S. A. R. fut qu'un officier dont on croyoit pouvoir répondre, seroit adjoint à ce commandant pour mieux s'assurer du fort.

MADAME, que rien ne pouvoit décourager, continuoit de hâter l'armement des volontaires. On n'avoit trouvé qu'un seul dépôt d'armes, peu en état, il est vrai, mais qui pouvoient être réparées dans quarante-huit heures. Le gouverneur promit de donner les ordres nécessaires à cet effet.

Le dimanche de Pâques, MADAME passa en revue les troupes de ligne et la garde nationale assemblées au Champ-de-Mars ; on avoit eu l'intention de faire fraterniser les soldats et les habitans ; mais la malveillance tira parti de cette circonstance même pour insinuer à la troupe de ligne qu'on projetoit de la désarmer. Toutefois il n'y eut aucun signe de défiance, le meilleur accord sembla régner entre les citoyens et la garnison (1). MADAME, après avoir parcouru les rangs, parla aux troupes qui passèrent successivement devant elle aux cris répétés de *vive le Roi! vive* MADAME! Tout-à-coup les officiers de la garde nationale se précipitèrent dans les bras des officiers de la ligne, et se mêlant dans les rangs avec eux, ils les invitèrent à un banquet pour le jeudi suivant.

Mais de nouveaux détails parvenoient chaque jour sur les progrès de Napoléon, et sur la défection successive de l'armée. On apprit bientôt son entrée à Paris. Cette nouvelle ne refroidit pas le zèle des bordelais; mais elle parut décourager les généraux et les fonctionnaires chargés de le diriger. L'occupation de la capitale leur montra la France entière sub-

(1) Elle étoit composée du 8.ᵉ régiment de ligne tout entier, et d'un bataillon du 62.ᵉ; les deux autres bataillons de ce régiment occupoient la citadelle de Blaye. Bordeaux renfermoit en outre un grand nombre d'officiers à la demi-solde, qui s'y étoient réunis pour former un corps de volontaires royaux.

juguée ou soumise, et dès-lors ils ne virent plus dans la défense de Bordeaux qu'une tentative dangereuse et inutile. Dans ces circonstances, M. le baron de Vitrolles, commissaire du Roi, arriva à Bordeaux. Ce ministre d'état, après avoir eu avec MADAME un entretien particulier, réunit les députés de toutes les administrations et de la chambre du commerce, et leur annonça que le siége du gouvernement général, dont M.gr le duc d'Angoulême étoit investi, alloit être établi à Toulouse; il leur fit connoître que tous les pouvoirs civils et militaires étoient confiés à Bordeaux au gouverneur comte Decaen.

MADAME parut à la fin de l'assemblée; elle parla avec force, et en même temps avec cette bonté angélique qui la caractérise. Le général Decaen exprima des sentimens de fidélité et de dévouement dont tous les députés furent ravis : le maire lui-même, quoique défiant et prévenu contre cet officier-général, fut persuadé que le commissaire du Roi s'étoit assuré de sa loyauté.

Le gouverneur parut en effet vouloir régu-

lariser

lariser les opérations, et songer aux moyens de conserver au Roi la citadelle de Blaye, dont on lui faisoit sentir depuis si long-temps l'importance. Alors seulement il avoua qu'on pouvoit douter de la fidélité de la garnison. MADAME prit aussitôt la résolution de la remplacer par un détachement de la garde nationale; mais le gouverneur, au lieu de retirer toute la garnison, se contenta de faire partir dans une barque cinquante à soixante bordelais, sans autre ordre que celui de se rendre à Blaye. Ce détachement étoit si foible, si mal commandé, il se conduisit avec une telle indiscrétion, que le commandant de la citadelle refusa de le recevoir, sous prétexte d'un prétendu défaut de formes. Comment le gouverneur de Bordeaux ne fut-il pas convaincu dès-lors de l'insubordination des soldats? Il en eut bientôt une preuve bien plus convaincante; lorsqu'ayant ordonné à un bataillon du 62.e de partir de Blaye pour Libourne, ce bataillon refusa d'obéir.

Cependant l'orage grossissoit de plus en plus au nord, et s'étendoit avec rapidité de ville en ville. On apprit que le général Clauzel, nommé par Napoléon gouverneur de la onzième division militaire, étoit arrivé sans obstacle à Angoulême, où flottoit déjà l'étendard tricolore, et qu'il conduisoit à sa suite les brigades de gendarmerie qu'il rencontroit sur sa route, pour venir prendre possession de Bordeaux. Cette nouvelle alarmante, loin d'abattre le courage des bordelais, ne fit que ranimer leur zèle. On étoit prêt à tout entreprendre, et la crainte sembloit bannie de tous les esprits. La présence de Madame électrisoit tous les cœurs; sous ses yeux on bravoit tous les dangers; on étoit sûr d'être victorieux si Madame restoit dans la ville. On la supplioit en grâce de ne pas abandonner sa bonne ville de Bordeaux. Tous les cœurs sentoient le besoin de voir Madame; c'étoit pour elle qu'on vouloit se dévouer. Ce jour-là même, Madame se montra dans sa calèche, comme les jours précédens; sa contenance calme et ferme, inspira une confiante sécurité. On se pressoit sur son passage; les ouvriers, les marchands quittoient leurs ateliers et leurs travaux; ils accouroient pour voir Madame; ils formoient mille vœux pour sa conservation; même empressement, mêmes transports dans les villages que traversoit S. A. R. Des groupes de jeunes filles venoient lui offrir des couronnes, après avoir jonché de fleurs la route sur son passage; plus le péril augmentoit et plus on redoubloit d'amour, de respect et de dévouement pour l'auguste fille de Louis XVI.

Sensible à tant de témoignages de fidélité, MADAME se montra résolue de ne pas quitter Bordeaux, et de faire tous ses efforts pour conserver au Roi, jusqu'à la dernière extrémité, cette ville fidèle. On redoubloit d'activité pour organiser différens corps de troupes choisies dans l'élite de la garde nationale; on les équipoit à la hâte. Les bordelais étoient décidés à ne pas laisser approcher les troupes de Buonaparte. On savoit d'ailleurs que le général Clauzel n'étoit suivi que d'une poignée de soldats, et qu'il avoit à passer trois rivières aisées à défendre. Le gouverneur avoit donné l'ordre d'éloigner tous les bateaux et les ponts flottans. Il étoit sûr, disoit-il, de la garnison: ce jour même elle fraternisa dans un repas en plein air avec la garde nationale, et l'on vit éclater des marques de fidélité et de confiance mutuelle du plus favorable augure. Les officiers et les autorités montrèrent le même accord. Les sentimens les plus loyaux furent exprimés et reçus au milieu des plus vives acclamations ; ce qu'il y eut de plus remarquable dans ce banquet militaire, ce fut le toast porté par le gouverneur lui-même : « Au nom du Roi, ses droits » sont sacrés ; jurons tous de les défendre jus- » qu'à la dernière goutte de notre sang ».

Immédiatement après, le général Donadieu porta le toast suivant : « *Au dévouement de la* » *ville de Bordeaux ;* puisse le grand exem- » ple qu'elle donne faire rougir et trembler les » traîtres qui pensent en ce moment à violer » leur serment, et à abandonner la plus sainte » des causes » ! La santé du Roi, celle de Madame, celle des généraux et des armées restées fidèles à Louis XVIII, furent portées et accueillies avec transport.

Au milieu de toutes ces illusions on apprit

l'approche du général Clauzel, avec environ deux cents hommes d'infanterie et quatre-vingts chevaux.

Nul doute que la garde nationale ne pût seule arrêter les progrès d'un si foible détachement, si elle eût été armée et organisée; mais que pouvoit-elle, laissant sur ses derrières des troupes disposées à la placer entre deux feux?

Cependant le gouverneur avoit parlé avec énergie aux deux chefs de la garde nationale; et il leur avoit donné l'ordre d'envoyer dès le lendemain deux détachemens pour disputer les passages des deux rivières aux troupes du général Clauzel. Il prescrivit également, pour réunir les hommes dispersés, qu'on fît battre un rappel, et à l'instant même on put reconnoître le zèle de la garde nationale, et les dispositions favorables des bordelais; en un clin-d'œil ils furent tous à leur poste, entourés d'une foule immense qui excitoit leur dévouement.

Cinq cents volontaires se mirent aussitôt en marche aux cris mille fois répétés de *vive le Roi! vive Madame!* Le colonel de Pontac qui les commandoit, se porta sur la rive gauche de la Dordogne, et après avoir placé cent hommes au passage de Saint-André de Cubzac, où étoit déjà le major Mallet avec un détachement, il établit cent hommes à Saint-Pardon, et en conserva trois cents au Carbon-Blanc, avec trois pièces de canon de petit calibre. Le pont volant sur la Dordogne se trouvoit encore au milieu de la rivière, et le colonel de Pontac donna aussitôt des ordres sévères pour ramener ce pont sur la rive gauche, ou pour le mettre hors de service. La négligence et les délais du capitaine du port ne permirent que l'exécution de cette dernière mesure. Aussitôt les soldats du général Clauzel qui étoient déjà sur la rive droite, firent feu sur le pont volant, et y plantèrent le pavillon tricolore; mais les bordelais attaquèrent le pont, et eurent l'avantage; le pavillon fut enlevé, et quelques soldats de Buonaparte furent tués par le feu de l'artillerie. La nuit suspendit le combat, qui devoit recommencer le lendemain. Il étoit si évident que la moindre défense sérieuse pouvoit sauver Bordeaux et tout le midi, qu'à peine on fut informé de cette escarmouche dans la ville, et au palais de la duchesse d'Angoulême, qu'un seul et même cri se fit entendre : « Enfin on se bat » ! L'espoir renaissoit.

Mais déjà la garnison de Blaye étoit en pleine défection. Des émissaires du général Clauzel avoient introduit dans cette citadelle des proclamations de Buonaparte, et aussitôt la garnison arborant l'étendard tricolore, manifesta la volonté de se réunir aux troupes de ce général. Cette révolte, depuis long-temps prévue, déchira le voile qui couvroit encore la perfidie et les manœuvres sourdes des principaux chefs militaires. Elle donnoit au général Clauzel des forces supérieures à celles que pouvoit lui opposer Bordeaux. Dès ce moment le sort de cette ville fut décidé.

Le gouverneur, d'un air contraint et embarrassé, annonça à MADAME l'évènement qu'il n'avoit su ni voulu prévenir par aucune précaution efficace, malgré les ordres de MADAME et ses justes appréhensions. Lui et les généraux sous ses ordres, changeant alors de langage, exprimèrent des doutes sur la possibilité de répondre plus long-temps de la garnison de Bordeaux.

Cependant la garde nationale et les volontaires royaux demandoient hautement des armes, et rien ne pouvoit abattre leur courageuse fidélité. Ces loyaux citoyens se faisoient encore illusion; ils espéroient vaincre, à force de confiance et d'intérêt, cet esprit de révolte et de fureur qui entraînoit les soldats. Ce fut dans ce moment de crise que M. Lainé, cet illustre et courageux président de la chambre des députés, dont le dévouement pour la cause du Roi croissoit en proportion du danger public, proposa un plan mûrement combiné pour la défense de Bordeaux. Le gouverneur, forcé d'en reconnoître la bonté, le rejeta néanmoins, et rien ne put le décider à le mettre à exécution. C'étoit avec des demi-mesures et des trahisons voilées que Bordeaux devoit être livré aux satellites de Buonaparte.

On apprit ce jour même, par les volontaires chargés de garder le passage de la Dordogne, que le général Clauzel, en proposant un pourparler, avoit annoncé que le lendemain il feroit son entrée à Bordeaux, où il avoit, disoit-il, des intelligences sûres qui rendroient inutiles toutes tentatives de défense. Il renouvela trois fois la demande qu'on lui envoyât un officier chargé de recevoir des volontaires royaux faits prisonniers, et qu'il vouloit rendre. Le colonel de Pontac chargea de cette mission M. de Martignac, fils, officier de la garde nationale bordelaise. Mais ce n'étoit qu'un prétexte de la part de Clauzel; il reçut avec distinction M. de Martignac, et engagea aussitôt un long entretien, où il parla avec admiration et emphase du succès de Napoléon. Il ajouta qu'en effet toutes ses mesures étoient prises pour arriver à Bordeaux le lendemain, qu'il y arriveroit sans tirer un coup de fusil; qu'il n'avoit pas besoin de troupes, attendu que celles qui formoient la garnison de Bordeaux étoient déjà sous ses ordres. Il insista beaucoup sur l'*indulgence* dont vouloit user l'Empereur, et assura qu'il répondoit de la vie de tous les habitans de Bordeaux, *excepté de celle de*

M. Lynch. Il assura que tout ce qu'il disoit étoit déjà consigné dans sa proclamation et ses ordres du jour. Il avoit une dépêche toute préparée pour les autorités civiles et militaires de la ville de Bordeaux, dont M. de Martignac consentit à être porteur, sous la condition expresse qu'il ne remettroit le paquet à son adresse *qu'en présence de* MADAME : le général y consentit.

M. de Martignac s'aperçut dans la traversée, qu'on avoit jeté dans le bateau des proclamations et des ordres du jour; il les fit déchirer et jeter dans la rivière. Un tambour avoua qu'on avoit démonté sa caisse et qu'on y avoit enfermé un grand nombre de papiers. On s'en empara aussitôt, et on les remit à M. le colonel de Pontac. Ces artifices pouvoient donner une idée du plan de campagne que s'étoit formé le digne lieutenant de Napoléon.

De retour à Bordeaux, M. de Martignac fut introduit auprès de MADAME ; il fit à S. A. R. le récit exact de sa mission, et lui remit le paquet dont il étoit chargé. MADAME versa des larmes au récit du léger combat dans lequel un volontaire bordelais avoit été blessé. Elle manda aussitôt le gouverneur, le préfet, le maire et M. Lainé, et fit répéter à M. de Martignac son récit d'un bout à l'autre. On lut ensuite les dépêches ; elles contenoient des plaintes amères sur les hostilités qui avoient eu lieu, des promesses d'un oubli total pour le passé, et une déclaration formelle par laquelle les autorités civiles et militaires étoient rendues responsables des malheurs que pourroit entraîner une plus longue résistance.

Madame écouta avec sang-froid et fermeté les sommations et les plaintes du général Clauzel.

On s'occupa de sa personne royale et de sa sûreté personnelle ; mais Madame imposa silence, et ne voulut entendre parler que de Bordeaux, de son intérêt et de ses dangers. La sûreté de la ville veut-elle qu'on capitule ou qu'on se défende ? Telle fut la seule question que Madame permit d'examiner.

Le bruit s'étoit déjà répandu que la tête seule du maire étoit exceptée de l'amnistie ; aussitôt un cri général d'indignation retentit de toutes parts. On entendit répéter d'une voix unanime : *Des armes! des armes!* combattons pour sauver Bordeaux. L'agitation et le tumulte étoient au comble.

Le conseil général du département, le conseil d'arrondissement et le conseil municipal venoient de se réunir à la préfecture. MADAME pensa que c'étoit à eux qu'il appartenoit de prendre une résolution. M. de Martignac se rendit par son ordre à l'assemblée, et fit aux divers conseils le rapport circonstancié de sa mission.

Il s'agissoit de décider concurremment s'il y avoit lieu à la résistance. Les premières pensées des conseils réunis se portèrent sur les dangers auxquels pouvoit être exposée la duchesse d'Angoulême, et sur les moyens de l'en garantir. En général on montra peu de dispositions à une résistance armée. Deux magistrats, MM. Dussumier et de Mondenard, furent les seuls pour ainsi dire qui opinèrent avec quelqu'énergie contre toute espèce de soumission (1). Le maire étant proscrit, s'abs-

(1) Voyez le rapport du Maire.

tint d'influer sur la décision des conseils. Ils ne prirent aucune détermination, sous prétexte qu'il falloit s'assurer d'abord si la garde nationale avoit des moyens de défense suffisans. Les conseils s'en remettoient à MADAME et à l'autorité supérieure, sur tout ce qu'il seroit convenable de faire.

On présenta immédiatement à la duchesse d'Angoulême le rapport de cette délibération, et S. A. R. déclara aussitôt, que la sûreté de sa personne ne devoit entrer pour rien dans les motifs d'une détermination aussi importante ; qu'elle croyoit n'avoir jamais rien à craindre au milieu des Français ; que si sa présence étoit nécessaire, elle étoit décidée à ne point sortir de la ville; que si au contraire on jugeoit utile qu'elle s'éloignât, elle étoit prête à partir; qu'elle ne pouvoit dissimuler toutefois avec quel regret elle quitteroit la France et sa chère ville de Bordeaux ; mais qu'il n'y avoit aucun sacrifice qui lui coutât, pour donner aux Français, et surtout aux bordelais, des preuves de l'attachement qu'elle leur portoit dans son cœur.

Cependant il s'étoit engagé en présence de Madame, entre les divers personnages qu'on avoit appelés, une discussion vive, animée et tranchante.

Quels étoient les moyens de défense? Bordeaux, qu'avoit-il à craindre ou à espérer? Ce fut sur ces questions décisives que le gouverneur fut vivement interpellé et pressé, notamment par M. Lainé, dont l'énergie et la chaleur sembloient défier tous les orages.

La ville, répondoit le général Decaen, ne peut compter que sur la garde nationale; c'est là sa seule défense. Quant à la garnison, ses dispositions sont plus propres à inquiéter qu'à rassurer. Je n'oserois pas répondre, en cas d'hostilités, que les soldats vissent tirer tranquillement sur leurs frères d'armes. M. Lainé insista alors pour que l'ordre fût donné aux troupes de partir pour Bayonne; mais le gouverneur répondit qu'elles n'obéiroient pas, et que cet ordre imprudent avanceroit le moment de la défection. M. Lainé, pour sauver l'honneur de la ville, vouloit au moins que le gouverneur et le général Harispe donnassent par écrit une déclaration portant qu'ils avoient la certitude que la garnison tireroit sur la garde nationale, si un engagement survenoit entre les citoyens et la troupe du général Clauzel. « Que l'univers, » que la postérité sachent, s'écria M. Lainé, » qu'une Princesse auguste, qui s'appelle *Ma-* » *rie-Thérèse*, défendue par l'amour d'une » population entière, garantie par deux ri- » vières, a cédé à l'absolue nécessité, et n'a » pas fui devant un prévôt et quatre gen- » darmes ».

Le général Decaen refusa de donner cette déclaration. Madame, interrogée sur sa volonté, répondoit constamment qu'elle ne vouloit pas compromettre inutilement la ville, et qu'il falloit céder, s'il étoit reconnu que la résistance feroit couler du sang. « J'aurai conservé » la bonne ville de Bordeaux, ajoutoit S. A. R., » aussi long-temps que je l'aurai pu ; je me » retirerai satisfaite d'elle et de moi ».

Il étoit minuit, et aucune résolution n'avoit été prise ; il falloit pourtant s'arrêter à une détermination.

Madame demanda à M. de Martignac, si le

détachement qu'il avoit laissé à Saint-Vincent, défendroit le passage. M. de Martignac avoit vu les volontaires dans les meilleures dispositions; il ne leur manquoit que des munitions, et il en avoit rencontré sur la route. Il crut donc pouvoir assurer que le poste seroit gardé, et que le général Clauzel ne passeroit pas à Cubzac avec son foible détachement.

Cette assertion mit un terme à la délibération. Il fut décidé que M. de Martignac partiroit à l'instant même, et qu'au point du jour il feroit dire au général Clauzel, que *les autorités civiles et militaires n'avoient pas envoyé de réponse*. Le conseil se réserva de prendre un parti définitif le lendemain, après avoir consulté le vœu de la garde nationale.

M. de Martignac partit à franc étrier, et arrivé au Carbon-Blanc à une heure et demie du matin, il y trouva beaucoup d'agitation et de tumulte. Aidé de tous côtés par des traîtres, le général Clauzel avoit fait donner dans la nuit même, par des hommes attachés à son parti, une fausse alerte aux volontaires bordelais, qui n'avoient pas encore reçu les munitions

attendues

attendues depuis si long-temps. On avoit entendu de plusieurs côtés différens le cri d'alarme, le cri désorganisateur, *Nous sommes coupés! nous sommes vendus!* et ce cri funeste avoit répandu le désordre et entraîné une retraite précipitée sur le Carbon-Blanc. Ainsi le passage de la Dordogne étoit abandonné, et tout changeoit de face. Bientôt les mêmes manœuvres eurent le même résultat sur la rive droite de la Garonne. Des hommes apostés semèrent de nouveau l'alarme, crièrent à l'improviste que les pièces de canon étoient prises. A ces mots, la déroute se mit encore parmi les troupes bordelaises, dont la plus grande partie avoit déjà abandonné le poste du Carbon-Blanc.

Ce nouvel incident rendoit le danger plus imminent encore. Ne trouvant plus aucun obstacle devant lui, le général Clauzel pouvoit paroître dans la matinée même sur la rive droite de la Garonne, en face de Bordeaux, et là se rendre maître de la ville par la défection de la garnison et par de simples menaces.

MADAME reçut ces nouvelles alarmantes avec une fermeté d'ame que rien ne pouvoit ébranler, ne parlant jamais que de Bordeaux, de la garde nationale, du danger dont la ville étoit menacée, et ne souffrant pas qu'on s'occupât de sa sûreté personnelle.

On arrêta dans le conseil qu'on écriroit au général Clauzel, pour lui demander la journée entière. M. Lainé rédigea lui-même la dépêche conçue à peu près en ces termes :

« Monsieur le général,

» Madame la duchesse d'Angoulême ayant » eu connoissance des communications que » vous avez faites aux autorités civiles et mi- » litaires de la ville de Bordeaux, et voulant » épargner à cette ville les malheurs que pour- » roit lui faire éprouver une plus longue résis- » tance, fait des dispositions pour son départ.

» Nous vous demandons jusqu'à demain » pour que le départ de S. A. R. puisse s'effec- » tuer avec tous les honneurs qui sont dus à » son rang ».

Cette lettre, signée par le gouverneur, le préfet et le maire, fut portée sur-le-champ au général Clauzel par M. de Martignac. Dans sa route il trouva tous les volontaires découragés, effectuant leur mouvement rétrograde sur Bordeaux. Une partie du détachement du général Clauzel avoit déjà passé la Dordogne à Saint-Vincent; mais ce général étoit encore sur la rive droite, où il reçut la dépêche des autorités de Bordeaux. Il consentit sans difficulté au délai qu'on lui demandoit. Il donna en même-temps l'assurance que tous les égards possibles seroient employés envers S. A. R. la duchesse d'Angoulême; qu'elle seroit libre de se retirer dans tel lieu hors de France, qu'elle jugeroit convenable de désigner, et qu'il lui seroit même fourni une escorte si elle le désiroit. Le général Clauzel alla même jusqu'à assurer que si MADAME, *qui devoit connoître son dévouement à sa personne,* pouvoit accepter ses services, il auroit l'honneur de l'accompagner au lieu qu'elle choisiroit. Ce général parla ensuite de M. Lainé, pour lequel il dit avoir une estime particulière, et il chargea spécialement M. de Martignac de l'assurer qu'il pouvoit rester à Bordeaux sans aucune inquiétude. On pouvoit comprendre aisément que c'étoit-là une conquête que le parti buonapartiste ambitionnoit : mais on pouvoit annoncer d'avance que celle-là échapperoit à toute la puissance et à tous les artifices de Napoléon.

Il fut convenu dans la conférence, que les troupes du général Clauzel resteroient jusqu'au lendemain sur la rive droite de la Garonne ; que les courriers et les diligences y seroient retenus, et que le drapeau tricolore ne seroit pas arboré à la Bastide, située en face de Bordeaux, pendant toute la journée du samedi.

La promesse la plus formelle fut renouvelée que personne ne seroit inquiété à Bordeaux par suite des évènemens qui avoient eu lieu depuis le mois de janvier 1814.

Après avoir ainsi tout réglé, M. de Martignac quitta le général Clauzel, et reprit la route de Bordeaux pour rendre compte à MADAME du résultat de sa mission.

Mais déjà des mouvemens violens et une agitation extrême s'étoient manifestés dans la ville, et jusque dans les appartemens du château royal. La détermination de céder sans coup férir aux soldats de Buonaparte, choquoit tellement la disposition d'esprit et les affections des bordelais, que rien au monde n'auroit pu les faire passer tranquillement de la domination des Bourbons à celle de l'usurpateur. La garde nationale et les volontaires royaux se plaignoient avec chaleur et indignation de ce qu'on enchaînoit leur courage. On parloit hautement de se défendre et d'attaquer même le général. Une nouvelle discussion s'engagea en présence de MADAME. Là, on reprocha au général Decaen sa lenteur, sa négligence, le refus qu'il avoit fait de fournir des munitions; on l'accusa de mauvaise foi, de mauvaise volonté et même de trahison. Il répondit avec aigreur et amertume, et n'en persista pas moins à soutenir que toute résistance étoit inutile.

Le gouverneur déclara nettement que l'*honneur* des troupes de ligne leur prescriroit de se joindre à leurs frères d'armes qui s'avançoient, si toutefois la garde nationale, sans provocation, commençoit les hostilités. On objecta qu'il n'étoit pas question d'attaquer, mais de se défendre, et on interpella le gouverneur de déclarer si la troupe de ligne vouloit être neutre ou non. Il refusa de donner une réponse catégorique. De son côté, le général Harispe exagéra les dangers que couroient les habitans, et il ajouta que deux mille personnes dans la ville étoient prêtes à se joindre aux soldats. Cette assertion fut réfutée par le maire. Il étoit vrai cependant que des émissaires de Buonaparte excitoient les soldats à la révolte, et leur distribuoient secrètement des cartouches, même dans leurs casernes. On put juger dès-lors l'intention perfide des généraux, elle parut dans tout son jour. Leur tactique consistoit à jeter l'effroi et le découragement parmi les citoyens dévoués, et dans le palais même de la duchesse d'Angoulême. Des chefs de bataillon déclarèrent qu'ils ne répondoient plus de la sûreté de S. A. R., tant les propos devenoient affreux dans les casernes. On avoit tout à redouter pour ses jours, ajoutoient-ils, si elle ne quittoit promptement Bordeaux. Une opinion bien différente étoit établie parmi les chefs de la garde fidèle.

Ils étoient persuadés que la vüe seule de Madame ramèneroient sous les drapeaux du Roi la troupe de ligne égarée par la malveillance. On citoit à l'appui, le retour du major Mailet, avec son détachement du 8.e, qui étoit resté fidèle ; n'étoit-ce pas une preuve que les craintes fondées sur le mauvais esprit des soldats étoient exagérées ? En ralliant ainsi à la garde nationale les troupes de ligne, on ne pouvoit manquer de sauver Bordeaux de cette soumission honteuse à laquelle on ne pouvoit penser sans frémir, tant l'idée de voir flotter l'étendard tricolore y étoit en horreur.

Au milieu de ce désordre et de ce choc d'opinions, Madame n'hésita pas une minute à prendre un parti décisif. On assemble de nouveau au palais un conseil extraordinaire. Là, le gouverneur et les généraux renouvellent leurs déclarations à S. A. R., qu'ils ne peuvent plus répondre des troupes; qu'il se manifeste partout des symptômes d'insurrection ; qu'on ne sauroit plus céler qu'on doit enfin songer à la sûreté de S. A. R., et qu'il n'est plus temps de pourvoir à la défense de Bordeaux. La du-

chesse d'Angoulême répond qu'elle n'abandonnera point une ville qui désire se défendre ; que les gardes nationaux et les volontaires suffisent pour sauver Bordeaux du joug de l'usurpateur ; qu'ils ne demandent qu'à combattre, et que telles sont leurs bonnes dispositions, qu'il ne faut que leur permettre d'attaquer l'ennemi. Mais les généraux, engagés dans un systême de défection et de perfidie (1), répondent que, si la garde nationale et les volontaires royaux passent la rivière pour aller combattre les troupes du général Clauzel, ils ne doutent nullement que la garnison ne les mette entre deux feux. « Je n'ai jamais douté, re-
» prend S. A. R., de la sûreté de Bordeaux,
» parce que j'ai observé journellement le zèle
» toujours croissant et l'ardeur des habitans de
» cette ville ; je ne voudrois point l'exposer à
» une destruction certaine ; mais comment
» est-il donc impossible d'employer aujour-
» d'hui cette garnison, dont hier matin encore
» vous pouviez me répondre » ? Impossible, répliquent les généraux. « Eh bien, reprend

(1) Voyez le rapport du Maire.

» S. A. R., je désire me satisfaire; assemblez » vos troupes dans leurs casernes respectives; » j'irai juger par moi-même de la disposition » des soldats ». Les généraux ne purent dissimuler leur dépit et leurs craintes sur les conséquences d'une détermination si courageuse. Il fallut obéir. A deux heures, MADAME monte en voiture découverte : une escorte nombreuse d'officiers généraux l'accompagne à cheval, et présente l'aspect imposant d'une marche guerrière. On arrive à la caserne Saint-Raphaël; un profond silence y régnoit. MADAME met pied à terre, passe deux fois avec dignité dans les rangs, vient se placer dans le centre du carré, et annonce l'intention de parler aux officiers. Ils se réunissent autour d'elle. Alors, d'un ton élevé, MADAME leur adresse cette courte harangue : « Messieurs, vous n'ignorez » pas les évènemens qui se passent en France. » Un étranger vient de s'emparer du trône de » votre Roi légitime. Bordeaux est menacé par » une poignée de révoltés, la garde nationale » est déterminée à défendre la ville; voilà le » moment de montrer qu'on est fidèle à ses

» sermens. Je viens ici vous les rappeler, et » juger par moi-même des sentimens de chacun pour son Roi légitime. Je veux qu'on » parle avec franchise. Je l'exige. Etes-vous » disposés à seconder la garde nationale dans » les efforts qu'elle peut faire pour défendre » Bordeaux contre ceux qui viennent l'atta- » quer ? Répondez franchement » ? Aucune voix ne se fait entendre, et un silence absolu est opposé à cette noble interpellation. « Vous » ne vous souvenez donc plus, reprend Madame, des sermens que vous avez renou- » velés il y a si peu de jours entre mes mains ? » S'il existe encore parmi vous quelques » hommes qui s'en souviennent et qui restent » fidèles à la cause du Roi, qu'ils sortent des » rangs, et qu'ils l'expriment hautement ». Alors on vit quelques épées en l'air. « Vous » êtes en petit nombre, reprit Madame ; mais » n'importe, on connoît au moins ceux sur » qui on peut compter ». Rien ne pouvoit plus ranimer le zèle des soldats : on l'avoit éteint. Plusieurs néanmoins offrirent de veiller à la sûreté de la personne de S. A. R. « Nous

» ne souffrirons pas, dirent-ils, qu'on vous » outrage; nous vous défendrons. Il ne s'agit » pas de moi, mais du service du Roi, répon- » dit MADAME avec véhémence : voulez-vous » le servir? — Dans tout ce que nos chefs » commanderont pour la patrie, nous obéirons; » mais nous ne voulons pas la guerre civile, » et jamais nous ne nous battrons contre nos » frères ». Telle fut leur réponse. En vain MADAME leur rappela tout ce que le devoir et l'honneur leur commandoit; ils furent sourds à sa voix. Avant de les quitter, MADAME leur fit promettre qu'au moins ils contribueroient à maintenir l'ordre dans la ville, et qu'ils veilleroient à ce qu'on ne portât aucune atteinte à la sûreté de la garde nationale, si on avoit contr'elle de mauvaises intentions.

Là ne se borna point l'amertume de cette journée. La visite de la seconde caserne fut plus pénible encore. L'esprit de révolte s'y montroit sous une forme plus hideuse. Ce fut inutilement que MADAME essaya de ramener les soldats dans le chemin de l'honneur. Que pouvoit-on espérer d'une troisième tentative auprès de semblables troupes ? Mais MADAME ne voulut rien négliger, et ce fut au château Trompette que les derniers efforts de son héroïque courage furent portés au plus haut degré de constance. Quelle réception y étoit préparée à l'auguste fille de tant de rois ! A peine a-t-elle passé avec sa suite les sombres voûtes de ce château fort, qu'elle est frappée de la contenance morne, de l'air farouche de cette soldatesque mutinée, rangée sous les armes, et frémissant de rage comme au moment de saisir sa proie. Sans s'émouvoir, MADAME lui adresse, avec autant d'ame que d'énergie et de fierté, un discours qui, dans d'autres temps, auroit touché les cœurs les plus endurcis. Plus son émotion augmente, et plus MADAME redouble de chaleur et d'éloquence. « Eh quoi ! dit-elle aux soldats, est-ce à ce même régiment » d'Angoulême que je parle ? Avez-vous pu si » promptement oublier les grâces dont vous » avez été comblés par le duc d'Angoulême ?.... » Ne le regardez-vous donc plus comme votre » chef, lui que vous appeliez *votre Prince*. » Et moi, dans les mains de qui vous avez

» renouvelé votre serment de fidélité..... moi, » que vous nommiez *votre Princesse*..... ne » me reconnoissez-vous plus !.... » L'expression du regret et du repentir parut alors sur la figure de quelques soldats; mais leurs officiers virent de sang-froid les pleurs et l'indignation de la pitié, que leur endurcissement et leur terrible erreur arrachoit des yeux de MADAME. « O Dieu ! ajouta la Princesse avec l'accent de » la plus vive douleur..... Après vingt ans » d'infortune, il est bien cruel de s'expatrier » encore. Je n'ai cessé de faire des vœux pour » le bonheur de la patrie, car je suis française, » moi!.... et vous n'êtes plus français. Allez, » retirez-vous » !

Le signal du départ est donné; un roulement de tambour se fait entendre, et MADAME, suivie de son escorte, repasse sous les batteries de ce triste fort, le cœur encore plus déchiré que lorsqu'elle y étoit entrée.

Dans l'intervale, le général Clauzel s'étoit posté à la Bastide avec sa troupe, n'ayant plus que la rivière entre lui et la ville. Ayant fait *héler*, il annonça qu'il avoit de nouvelles communications à faire, et qu'il désiroit qu'on lui renvoyât l'officier de la garde nationale qu'on lui avoit déjà expédié. Informée de cette demande, la duchesse d'Angoulême manda aussitôt M. de Martignac. Il courut au château. MADAME lui dit : « Vous allez passer la rivière » et trouver le général Clauzel ; vous lui direz » que dans un temps plus heureux, je l'*avois* » *distingué;* qu'il m'a souvent assurée alors de » son dévouement et de son affection ; que je » lui en demande une preuve en faveur de la » ville de Bordeaux. Vous lui direz que je » lui tiendrai compte de ce qu'il fera pour les » bordelais, beaucoup plus que si c'étoit pour » moi-même ».

M. de Martignac ignoroit ce qui s'étoit passé aux casernes ; il se hasarda de le demander à MADAME, dont l'extrême bonté l'encourageoit. « Tout est donc fini, dit-il; et les sol» dats ? — Ils m'ont refusée hautement, reprit » MADAME, et j'en rends grâces à Dieu ; je » FRÉMISSOIS qu'ils ne me fissent des promesses; » ils ne les auroient pas tenues, et vous en » auriez été les victimes. Ils vous auroient tous

» égorgés, et je ne m'en serois jamais conso-» lée »..... Je *frémissois !* ce mot peint l'ame de celle qui le prononçoit.

M. de Martignac, ému de ces nobles paroles, prit aussitôt la route de la Bastide.

MADAME, afin d'adoucir l'amertume de cette pénible journée, avoit réservé pour le soir la revue de cette garde fidèle, rangée alors en bataille sur le superbe quai qui s'étend le long de la Garonne. Une scène toute différente attendoit l'auguste Princesse. A peine paroît-elle, qu'un cri général de *Vive le Roi! Vive Madame!* se fait entendre. A la vue de la profonde douleur répandue sur ses traits augustes, les bordelais redoublent encore de transports. MADAME cherche à se faire entendre au milieu de ces cris de respect et d'amour : elle obtient enfin qu'on fasse silence, et restant debout dans sa calèche, pour être mieux entendue de la troupe nombreuse qui l'entoure, elle adresse à cette garde fidèle tout ce que son cœur lui inspire de plus sensible pour exprimer combien elle est touchée de tant de zèle et de dévouement pour le

Roi. « Je viens, ajoute-t-elle, vous demander un dernier sacrifice. Promettez-moi de m'obéir dans tout ce que je vous commanderai. — Nous le jurons. — Eh bien, continue MADAME, d'après ce que je viens de voir, on ne peut pas compter sur les secours de la garnison ; il est inutile de chercher à se défendre ; vous avez assez fait pour l'honneur ; conservez au Roi des sujets fidèles pour un temps plus heureux. Je prends tout sur moi ; je vous ordonne de ne plus combattre. — Non, non, s'écrient des milliers de voix ; relevez-nous de notre serment, nous voulons mourir pour le Roi, nous voulons mourir pour vous ». On se presse autour de la calèche, on saisit la main de MADAME, on la baise, on l'inonde de larmes, on demande pour toute grâce qu'il soit permis aux braves bordelais de répandre leur sang. L'enthousiasme est porté jusqu'au délire ; toute la ville le partage, et mêle ses cris de *Vive le Roi !* à ceux de la garde nationale. Quelle singulière position que celle où se trouvoit MADAME. D'une part, méconnue

méconnue par des soldats révoltés ; de l'autre, accablée de protestations de fidélité et d'amour par la population entière de Bordeaux ; et sur l'autre rive, ayant devant elle la troupe de ce général Clauzel, de ce lieutenant de Buonaparte, qui, posté à la Bastide, étoit témoin des hommages qu'on prodiguoit à la fille de Louis XVI. Aucun des accens d'amour qu'on lui adresse ne lui échappe ; le son en parvient distinctement jusqu'à lui, jusqu'à ses soldats. Clauzel en fut alarmé, et fit braquer ses canons du côté de la ville. Les drapeaux blancs flottoient à toutes les fenêtres, et formoient une perspective que ne pouvoient supporter les satellites de l'usurpateur. Jamais la ville n'avoit offert un aspect à la fois si imposant et si touchant ! Elle étoit brillante de signes de royalisme. La population paroissoit doublée, et quand MADAME retourna au palais, elle fut accompagnée par tout ce peuple fidèle qui la bénissoit les larmes aux yeux, et s'unissoit, du fond de l'ame, à ses regrets et à sa douleur.

MADAME rentra au palais, suivie d'une partie de ces fidèles gardes royaux, qui se jetèrent à ses pieds pour solliciter la permission de combattre. « Non, non, leur dit la PRINCESSE, en » les relevant, je vous prie de ne plus songer » à la défense de Bordeaux ; vos efforts se» roient superflus, j'en suis certaine. Je ré» pondrai au Roi du sacrifice, aussi pénible » pour mon cœur que pour le vôtre, que » je suis forcée d'exiger de vous, comme » le seul moyen qui me reste de sauver une » ville qui m'est si chère, et de conserver » au Roi des sujets qui, je l'espère, lui » prouveront de nouveau, et dans peu, leur » amour ».

Les généraux étoient présens ; ils avoient suivi MADAME pendant tous les momens de cette cruelle journée. Se tournant vers eux, S. A. R. leur dit : « C'est vous, Messieurs, » qui devez me répondre de la sûreté de » cette ville et de ses habitans : maintenez » vos troupes et préservez Bordeaux de tout » désordre : vous l'avez en votre pouvoir. » — Nous le jurons à V. A. R. — Point

» de serment : obéissez au dernier ordre que » vous recevez de la fille de votre Roi ». A peine MADAME a-t-elle achevé ces mots, qu'une fusillade se fait entendre dans la ville. Les cris, on tire sur la garde, ajoutent à l'horreur de cette situation; c'étoit des gardes nationaux qui avoient fait feu sur plusieurs de leurs officiers, soupçonnés depuis long-temps d'avoir trahi la cause du Roi. On vit passer des blessés qu'on transportoit; on annonça même que quelques citoyens avoient été tués, et que ce n'étoit que le prélude du massacre. De moment en moment on venoit apporter à MADAME des nouvelles effrayantes. Des régimens en insurrection quittoient leurs casernes; une partie s'étoit déjà rangée sur la place de la Comédie, et les soldats exhaloient leur rage contre les royalistes et même contre MADAME.

Cependant M. de Martignac venoit d'arriver à la Bastide, pour s'acquitter de la mission dont il étoit chargé. Il trouva le général Clauzel *mécontent* de ce qui venoit de se passer sous ses yeux. Le général répondit que la recommandation de MADAME étoit inutile, attendu que ses devoirs, d'accord avec ses sentimens, mettoient la ville de Bordeaux et ses habitans en parfaite sûreté. Il promit, quoiqu'avec peine, d'attendre jusqu'au lendemain à neuf heures, la députation qu'on lui avoit annoncée. Après s'être excusé d'avoir fait arborer le drapeau tricolore, contre les termes de la convention verbale arrêtée la veille, et après avoir rejeté cette espèce d'infraction sur ce que le pavillon blanc avoit flotté à toutes les croisées du port de Bordeaux, il interrogea vivement M. de Martignac sur ce qui s'étoit passé, et sur les causes de la fusillade qu'il avoit entendue.

Cet officier répondit qu'une partie de la garde nationale avoit obéi sans murmure à l'ordre de MADAME ; que l'autre avoit trouvé honteux de capituler devant une poignée d'hommes, et vouloit résister ; que cette différence de volonté avoit amené l'engagement dont il avoit été le témoin.

Le général Clauzel dit qu'on avoit tort

de croire que la foiblesse du détachement dont il étoit accompagné pouvoit être considérée par les bordelais comme une circonstance favorable ; que ce n'étoit pas sur sa petite troupe qu'il comptoit, qu'au besoin il entreroit tout seul à Bordeaux ; que depuis plusieurs jours la garnison lui obéissoit, et *n'obéissoit qu'à lui.*

Il ajouta qu'à un signal donné ses ordres seroient exécutés, et offrit même d'en fournir la preuve à l'instant.

En effet, le drapeau tricolore ayant été arboré à la Bastide, un drapeau semblable parut sur les tours du château Trompette.

M. de Martignac quitta le général Clauzel pour retourner à Bordeaux, rendre compte à MADAME du résultat de cette conférence.

Le tumulte et le désordre étoient au comble. Il ne se passoit pas une minute sans qu'on vît arriver des messages qui venoient supplier S. A. R. de s'éloigner de Bordeaux. Rien ne pouvoit décider MADAME à abandonner cette malheureuse ville. S. A. R. ne pouvoit soutenir la pensée du sort affreux qui étoit réservé aux habitans après son départ ; elle en étoit accablée de douleur, lorsqu'on vint lui représenter qu'en prolongeant son séjour, loin d'être utile à Bordeaux, elle compromettroit le salut de la ville. MADAME céda aussitôt qu'il fut question de sauver Bordeaux et ses habitans, qui, à ses yeux, étoient bien au-dessus des dangers qu'elle couroit, et de sa liberté personnelle.

L'ordre du départ fut donné pour la nuit suivante. Déjà le consul anglais avoit prescrit aux bâtimens de sa nation qui venoient d'escorter la flotte marchande, de se tenir prêts à exécuter les ordres de la duchesse d'Angoulême : aussi tout étoit disposé à Pouillac pour y recevoir l'auguste Princesse à bord du *the Wanderer.* Cependant de nouvelles alarmes se succédoient, et comme la fermentation alloit croissant parmi les troupes de ligne, on supplia S. A. R. de ne plus différer de se mettre en route.

Elle reçut alors les hommages et les adieux des personnes qui, ne pouvant la suivre, lui restoient fidèles. A huit heures, l'auguste Princesse monte en voiture, au milieu de quelques zélés serviteurs qui la bénissent à voix basse, évitant de hautes acclamations qui, entendues par les troupes, auroient pu les exciter à des cris séditieux. La voiture de MADAME roule bientôt, escortée par cette même garde fidèle, et encore à cheval pour veiller sur ses jours, et protéger sa retraite; c'étoit la première fois, depuis trente-six jours, que les rues au travers desquelles passoit l'auguste Princesse n'étoient pas illuminées. Un triste et profond silence, une solitude effrayante régnoient dans la ville. Tous les habitans venoient de se réfugier dans leurs maisons, comme en un jour de deuil et de calamité, fermant sur eux hermétiquement leurs portes et leurs fenêtres. Mais au moment où passèrent la voiture et l'escorte de MADAME, on entendit du fond de ces maisons, malgré les portes et les fenêtres closes, on entendit comme un écho qui répétoit *Vive MADAME! Vive MADAME!* A peine MADAME fut-elle sortie de la ville que le ciel devint orageux; la pluie tomba et la nuit devint obscure et froide. L'escorte, composée d'un détachement de volontaires et de cavalerie de la garde nationale, avoit de la peine à se reconnoître dans le chemin sablonneux qui conduit à Pouillac. MADAME témoignoit son intérêt et sa sollicitude à ces fidèles serviteurs; mais ils n'étoient plus tourmentés que du désir de voir MADAME en sûreté. A huit heures du matin, dimanche 2 avril, S. A. R. arriva à Pouillac. Sa première pensée, en descendant de voiture, fut d'entendre la messe, pour implorer les secours du ciel. Que de tristes souvenirs! que d'inquiétudes! que d'épreuves douloureuses à supporter! Tout fut placé sous les yeux de Dieu, et la Providence a répandu ses bénédictions sur d'aussi ferventes prières.

Tout étant prêt pour l'embarquement, MADAME monta avec sa suite dans la chaloupe du capitaine anglais, qui se dirigea aussitôt vers le sloop de guerre le *Wenderer*. Qui pourroit peindre le désespoir de la garde fidèle qui avoit escorté MADAME, quand il fallut enfin se séparer de sa personne. A peine avec sa chaloupe s'éloigne-t-elle du rivage, qu'ils se jettent dans de petites embarcations et la suivent ; à peine est-elle montée à bord, que ne pouvant se déterminer à la perdre de vue, ils flottent avec leurs barques autour du *Wenderer*, en demandant encore avec instance de revoir MADAME ; elle paroît aussitôt sur le pont, et un cri de douleur se fait entendre. Chacun, pour adoucir l'amertume de ses regrets, sollicite pour dernière faveur la moindre chose qui ait appartenu à MADAME, le plus petit objet, de quelque peu de valeur qu'il puisse être. Profondément émue de tant de témoignages de respect et d'amour, Marie-Thérèse détache à l'instant même et ses rubans, et le panache blanc qui orne sa coiffure ; elle les jette de sa main, au milieu de ses gardes, en s'écriant, pour les rappeler à la vie par l'espérance : « *Adieu, quand je reviendrai, je vous » reconnoîtrai tous ; oui, soyez sûrs que je » vous reconnoîtrai tous* ». Un mouvement involontaire et spontané fit tomber à genoux tous les témoins de cette scène auguste et déchirante. Avec quels transports de reconnoissance ces fidèles serviteurs reçurent les précieux dons de MADAME, et quel espoir consolant ils emportèrent en songeant que le panache blanc de l'héroïne de Bordeaux les rallieroit tous encore au chemin de l'honneur. Frappé d'une scène si touchante, le capitaine anglais regretta sincèrement que le sloop n'eût pas assez d'espace pour contenir tant de français fidèles. Le sloop mit à la voile, et porta MADAME à Saint-Sébastien, sur la côte de Guipuscoa en Espagne.

Replacés sous le joug de fer de Buonaparte, les habitans de Bordeaux, pendant quatre mois, n'eurent plus d'autre consolation que de s'entretenir de ce départ si touchant; de cette foule de jeunes bordelais qui avoient suivi la Princesse auguste, objet de tant d'amour et de douleur; de cette population entière qui se pressoit autour d'elle, qui sembloit chercher à la retenir par ses sanglots et par ses pleurs; de cette expression de désespoir, de cette consternation profonde qui se peignoient sur toutes les figures; et de la Princesse elle-même qui, exhortant au courage et à la résignation ceux qu'elle étoit forcée de fuir, répondoit à tant de larmes par ses larmes, aux sermens de fidélité par des promesses de souvenir ; mais surtout ils adoucissoient l'amertume de leurs regrets par la lecture des adieux touchans que leur avoit adressés à tous l'auguste Marie-Thérèse au moment de son départ. Ils étoient conçus en ces termes :

« Braves bordelais ! votre fidélité m'est connue ; votre dévouement sans bornes ne vous » permet pas de prévoir le danger, mais mon » attachement pour vous m'ordonne de le » prévenir. Mon séjour dans votre ville, s'il » étoit prolongé, pourroit aggraver les cir- » constances où vous vous trouvez, et attirer » sur vous le poids des vengeances. Je n'ai » pas le courage de voir des Français malheu- » reux, et d'être la cause de leur infortune. » Je vous laisse, braves bordelais, profondé- » ment pénétrée des sentimens que vous m'a- » vez exprimés, et je puis vous assurer qu'ils » seront fidèlement transmis au Roi. Bientôt, » avec le secours de l'Être Suprême, sous de » plus heureux auspices, vous serez témoins » de ma reconnoissance et de celle du Prince » que vous aimez.

» *Signé* Marie-Thérèse ».

Bordeaux, 1.er avril 1815.

Non-seulement le maire de Bordeaux, proscrit par Buonaparte, s'éloigna de cette ville pour aller chercher une asile en Angleterre ou à Gand; mais d'autres personnages, tels que M. de Montdenard, et M. Lainé, président de la chambre des députés, dédaignèrent la sûreté et la protection qui leur furent offertes au nom du gouvernement usurpateur.

PIÈCES JUSTIFICATIVES.

N.° 1er.

Copie de la lettre adressée par M.gr le duc d'Angoulême à M. le comte de Puységur.

Paris, 20 janvier 1815.

« Monsieur le comte de Puységur, je connois vos bons sentimens, et vous devez être assuré que leur expression m'est toujours très-agréable. J'ai reçu avec plaisir votre lettre du 13 de ce mois, et suis très-satisfait de ce que vous me mandez du calme qui n'a pas cessé de régner à Bordeaux. Cette bonne ville a donné un trop bon exemple le 12 mars, pour ne pas continuer à prouver son dévouement en se soumettant aux ordres du Roi. Le comte de Damas a mandé, par mon ordre, au comte Lynch, les intentions de Sa Majesté, relativement à la garde royale; elles doivent avoir leur entière exécution. Plus les membres qui la composoient sont vraiment fidèles et dévoués, moins ils doivent marquer d'éloignement à faire partie de la garde nationale, puisque le Roi ne veut pas qu'il y ait dans son royaume d'autres corps armés que des gardes nationaux et des troupes de ligne. Je vous charge de procéder, de concert avec les autorités, à faire cette incorporation sans perte de temps. C'est la volonté du Roi et l'ordre de mon père. En vertu de cette volonté, je compte sur votre zèle et sur votre activité pour que cette opération soit complètement terminée avant le voyage que la duchesse d'Angoulême et moi nous projettons de faire, tout au commencement du mois de mars, dans cette bonne ville de Bordeaux qui nous est si chère, et que la duchesse d'Angoulême a tant de désir de connoître. Croyez que j'aurai un vrai plaisir à vous revoir et à vous assurer de toute mon estime.

» Votre affectionné, LOUIS-ANTOINE. »

Certifié, pour copie conforme,

Comte MAXIME DE PUYSÉGUR.

N.° 2.

Rapport du maire de Bordeaux, M. le comte LYNCH, *sur les derniers évènemens qui ont eu lieu dans cette ville.*

La révolution de mars 1815 a été opérée à Bordeaux précisément par les moyens contraires à ceux qui ont facilité celle du mois de mars 1814. Avant de développer ces derniers ; je crois devoir faire connoître les dispositions des habitans de cette ville, parce que ces dispositions sont encore les mêmes dans ce moment.

En mars 1814, la grande majorité des propriétaires étoient fatigués de la domination de Buonaparte : et si l'on ne pouvoit supposer qu'ils ne fussent en général très-disposés à un soulèvement, il étoit probable qu'ils le favoriseroient, excités par un assez grand nombre de gentilshommes bien intentionnés; et on pouvoit compter sur la masse du peuple, à quelques exceptions près.

Cependant, ces dispositions n'auroient pas suffi, sans les circonstances favorables qui en ont facilité le développement.

Certainement, si une force militaire imposante eût été en présence, il eût été fou de rien entreprendre; mais Bordeaux n'étoit contenu que par environ cinq cents soldats, et le général qui commandoit fut bientôt convaincu qu'il ne pouvoit résister aux forces anglaises qui étoient attendues : il se retira.

Le préfet et le commissaire général de police avoient reçu du sénateur Cornudet, commissaire extraordinaire du gouvernement, l'ordre de quitter le département aussitôt que l'ennemi y seroit entré; mais je ne doute pas que le mouvement n'eût eu également lieu, quand même les autorités civiles n'auroient pas quitté la ville, parce qu'avec le secours des forces anglaises, j'aurois rendu inutile la foible opposition que j'aurois eue à combattre. Néanmoins, je me suis trouvé heureux de n'en pas avoir besoin ; et ce ne fut pas sans beaucoup d'avantages que je me vis dégagé de toutes les entraves qui sont la suite de la division des pouvoirs.

Il existoit une probabilité d'opposition qui eût été plus embarrassante ; c'est celle dont auroit pu faire usage la garde urbaine, que j'avois été forcé de laisser former dans le sens du gouvernement ; parce que si j'avois voulu contrarier son organisation, j'aurois mis mes projets trop à découvert.

Pour faire comprendre pourquoi cette garde nationale étoit à craindre, je suis forcé de dire que la majeure partie des citoyens qui tiennent au tiers-état, et surtout les négocians, sont attachés au gouvernement de Buonaparte. On auroit de la peine à le croire, quand on pense que, sous son gouvernement, toutes les opérations commerciales ont été anéanties ; mais il ne faut pas perdre de vue que les effets de la révolution se perpétuent, parce que la cause principale n'a pas cessé d'exister. Cette cause est la vanité des individus composant la classe moyenne de la France. Ayant fait la révolution par jalousie des avantages de la classe supérieure, ils jouissoient de son abaissement, ils voyoient leurs enfans, leurs parens, leurs amis, les leurs enfin, élevés dans les grades supérieurs de l'armée, dans les tribunaux et les

les administrations; et ils craignoient de perdre ces avantages, en changeant de gouvernement.

J'avois donc lieu d'appréhender ce que pouvoit faire cette garde nationale; mais le secret ayant été étonnamment bien gardé jusqu'au moment décisif, je jugeai qu'elle seroit frappée de stupeur et comprimée par la présence des troupes anglaises, et qu'enfin, voyant la masse du peuple seconder l'élan donné par son premier magistrat, qui avoit sa confiance, sa mauvaise volonté deviendroit impuissante : c'est ce qui arriva.

On ne tarda pas cependant à être convaincu des mauvaises dispositions de cette garde urbaine; ce qui détermina lord Dalhousie, sur mes représentations, à la casser et à en reformer une autre; grand avantage de l'accord des autorités civiles et militaires, dans les momens difficiles.

Cet ensemble de circonstances favorables, jointes au succès des alliés au nord de la France, ne laisse aucun doute que cette époque de la révolution n'ait été la seule où l'on ait pu, avec fondement, se flatter que l'on pourroit en arrêter le cours et l'anéantir à jamais. S'il est infiniment triste d'éprouver le contraire, il n'est pas sans intérêt, et surtout pour le maire de Bordeaux, de prouver que la disposition différente où cette ville s'est trouvée au moment de la débâcle, devoit la mettre dans l'impossibilité d'y résister.

Loin d'être appuyée en 1815 par une force armée protectrice, la ville renfermoit dans son sein des soldats, non-seulement mal disposés pour leur souverain légitime, mais d'autant plus décidés à lui être infidèles, qu'ils y étoient portés par la sourde et infernale trahison des chefs : trahison d'autant plus dangereuse qu'elle étoit masquée sous les apparences de la fidélité la plus dévouée.

On peut dire que la contre-révolution a été faite à Bordeaux, dès l'instant que les troupes de ligne y ont été introduites. Ce n'étoit point avec des dispositions administratives que l'on auroit pu déjouer leurs mauvais desseins. A supposer que cela eût pu être, on verra tout à l'heure que de la manière dont elle étoit composée, cette administration ne l'auroit pas voulu.

Une force armée peut seule être opposée à une force armée; alors on a la guerre civile, et son issue dépend du plus ou moins de courage et de l'habileté des combattans.

On n'avoit à opposer à la troupe de ligne, qui consistoit à peu près en deux mille hommes, que la garde nationale, dont la majorité étoit bonne sans doute, mais c'eût été se faire illusion que de croire que la totalité l'étoit : première différence en faveur de la troupe de ligne. Animée du même esprit, celle-ci étoit bien armée et bien exercée : la garde nationale n'avoit aucun de ces avantages, et quoique plus nombreuse en apparence, elle ne pouvoit évidemment qu'avoir le dessous.

J'ai dit que ce n'étoit pas avec des mesures administratives que l'on auroit pu s'opposer aux mauvais desseins de la troupe de ligne, et que même, dans la supposition contraire, l'administration civile à Bordeaux n'en avoit pas eu la volonté.

Le général comte Decaen avoit eu, dans l'origine, la prétention d'être gouverneur civil et militaire; et il est probable qu'il entroit dans les vues de son parti qu'il réunît ces attributions : j'en sentis tout le danger, et je provoquai une décision ministérielle qui condamna cette prétention.

L'autorité administrative supérieure resta donc au préfet; et si ce magistrat eût épousé avec loyauté les intérêts du Roi, il auroit pu, d'accord avec moi, éclairer le gouvernement sur les dangers de notre position. Il en a été tout autrement; le préfet s'est dévoué au gouverneur. Je n'ai été pour eux qu'un homme suspect, embarrassant, dont il falloit se défier. L'autorité municipale s'est donc trouvée douloureusement paralysée.

La mauvaise disposition des militaires n'avoit point échappé à la vigilance de la police locale. Instruit par mes agens des discours coupables qu'ils tenoient, j'eus soin d'en avertir le préfet et le gouverneur; mais celui-ci recevoit si mal les informations qui lui étoient transmises, que loin de les approfondir, il regardoit comme une espèce d'insulte de les lui déférer.

Je me suis alors vu forcé d'en instruire directement le gouvernement, et c'est ce qui a été fait avec une constante sollicitude.

Le général Decaen a commencé à agir avec une politique plus adroite, lors de la bénédiction du drapeau de la troupe de ligne. Il lui parla avec une telle énergie en faveur du Roi, que j'en fus la dupe, et que je finis par attribuer l'obstination de ce gouverneur à ne pas convenir des dispositions des militaires, à la répugnance qu'éprouvoit sa loyauté naturelle à trouver un autre sentiment dans ses subordonnés.

Cependant j'étois loin d'avoir une entière confiance dans les généraux employés dans la division; et je pris la liberté de faire savoir à M.gr le duc d'Angoulême, la nécessité d'employer ailleurs le général Lhuillier, et de le faire remplacer par un autre, sur les dispositions duquel je pusse compter. L'on envoya le général Harispe, et je dus penser que l'on étoit assuré de ses sentimens. Je m'ouvris donc à lui avec moins de réserve sur ce qui regardoit les militaires et le gouverneur lui-même; je lui trouvai des dispositions favorables, mais de nature seulement à dissiper mes craintes sur ce dernier.

Tel étoit l'état des choses, lors de l'arrivée de LL. AA. RR. à Bordeaux.

Il est difficile de dépeindre l'enthousiasme qui éclata dans cette mémorable circonstance. Il s'est toujours soutenu avec la même énergie; mais il ne fut point partagé par les militaires, qui étoient froids et silencieux. Lorsque les cris de *Vive le Roi!* se faisoient entendre de toutes parts, le gouverneur disoit qu'il n'étoit pas d'usage que les militaires sous les armes se permissent des cris; il disoit que l'on cherchoit à les provoquer; qu'on leur montroit une injurieuse défiance, et autres choses semblables.

Le 9 mars, nous parvint l'invasion de Buonaparte, et Mgr le duc d'Angoulême partit. Je crus alors devoir parler à S. A. R. Madame sur les individus en qui résidoit l'autorité civile et militaire. J'eus l'honneur de lui faire part de mes observations sur le gouverneur et le préfet, du doute où j'avois long-temps été sur le compte du premier, doute qui, bien que dissipé en partie, se réveilloit dans les circonstances du moment.

Madame parut parfaitement rassurée à l'égard de l'un et de l'autre. Ces messieurs se réunissoient chez M. de Montmorency, et se rendoient ensuite chez la Princesse pour lui proposer ce qu'ils croyoient convenable. Ainsi, S. A. R. avoit pu les juger, si une belle ame pouvoit jamais sonder la profondeur de l'ame des scélérats.

Madame trouva à propos de former une espèce de conseil, où elle désira que je fusse admis, et où furent appelés le président du conseil général, l'inspecteur et le commandant de la garde nationale; ce conseil étoit présidé par le gouverneur.

On y détermina qu'il seroit ouvert une souscription pour se procurer les fonds nécessaires à l'équipement et à l'habillement de la garde nationale, destinée à entrer en service actif. Des membres du conseil municipal furent chargés de recueillir ces souscriptions. Elles s'élevèrent le premier jour à près de sept cent mille francs; mais ce premier effort n'eut pas de suite; il se ralentit à mesure des progrès de Buonaparte, en telle sorte que cette mesure a fini par être sans effet; les souscripteurs ne purent même réaliser leurs souscriptions, l'argent ayant été tout-à-coup fort resserré.

La garde nationale n'étoit pas entièrement organisée. Une foule de jeunes gens s'étoient présentés pour prendre les armes; ils étoient renvoyés au gouverneur par le général Harispe, et par celui-ci au commandant de la garde nationale. Ainsi découragés, leur zèle a été infructueux; les mesures manquoient d'ensemble et de régulateur. M. de Vitrolles arriva dans ces circonstances.

Ce ministre d'Etat, après avoir eu l'honneur d'entretenir Son Altesse Royale, réunit des députés de toutes les administrations et de la chambre du commerce; il les invita à lui faire part de leurs observations sur l'état présent des choses; il leur apprit que le siége du gouvernement général, dont Mgr le duc d'Angoulême étoit investi, alloit être établi à Toulouse, et leur fit connoître que tous les pouvoirs civils et militaires étoient confiés à Bordeaux au gouverneur comte Decaen. MADAME parut à la fin de la réunion, et y parla avec force, et en même temps avec une bonté angélique. Le général Decaen y exprima des sentimens de fidélité et de dévouement pour le Roi, dont nous fûmes tous ravis, et je fus convaincu que le commissaire du Roi s'étoit assuré qu'on pouvoit compter sur la loyauté de ce gouverneur.

Il parut en effet vouloir régulariser les opérations, et pensa enfin aux moyens de s'assurer de la citadelle de Blaye, dont on lui avoit fait sentir depuis long-temps l'importance. Ce fut seulement alors qu'il avoua que l'on pouvoit douter de la fidélité de la garnison, et qu'il parut vouloir en neutraliser les mauvaises dispositions, en y envoyant un détachement de la garde nationale pour remplacer un bataillon qu'il devoit faire venir à Bordeaux.

Ce détachement partit en effet; mais il étoit si foible, si mal commandé, et se conduisit avec une telle indiscrétion, qu'elle servit de prétexte à la garnison pour ne pas le recevoir, et les autorités locales en furent tellement mécontentes, qu'elles furent obligées de le renvoyer dans un village voisin.

Il étoit difficile que le gouverneur ne fût pas alors convaincu de l'insubordination des soldats qui composoient la garnison de Blaye. Il en acquit une nouvelle preuve, lorsque, malgré le mauvais succès de la première mesure qu'il avoit voulu prendre, il fit ordonner à un bataillon du 62.e de partir de Blaye pour Libourne; ce bataillon refusa d'obéir.

Cet état de chose dura à Blaye jusqu'au moment où un courrier de Paris laissa à quelque distance les proclamations de Buonaparte pour être introduites furtivement dans la citadelle. Aucune précaution n'avoit été prise pour l'éviter, et la garnison arbora l'étendard de la révolte.

Dès-lors le sort de la ville de Bordeaux fut décidé, et l'on dut être convaincu de l'incurie, si ce n'est de la perfidie du gouverneur et du préfet.

Cependant on cherchoit encore à se faire illusion, et l'on espéroit vaincre l'esprit des soldats de la garnison de Bordeaux, à force de témoignage, de confiance et d'intérêt.

On fit une revue de la troupe de ligne et des gardes nationales pour les faire fraterniser. La perfidie tira parti de cette circonstance même, pour faire croire à la troupe de ligne que cette réunion n'avoit d'autre but que de la faire désarmer. L'intention que l'on avoit eue, parut néanmoins parfaitement remplie: le meilleur accord sembla régner entre les deux armes. S. A. R. parcourant les rangs, parla aux troupes qui passèrent successivement devant elle aux cris assez soutenus de *Vive le Roi! Vive Madame!*

On ne se borna pas à ce moyen de rapprochement.

Peu de jours après, la garde nationale invita la troupe de ligne à un dîner. Les soldats mangèrent ensemble en plein air, et je fus témoin de marques de fidélité et de confiance mutuelle du plus favorable augure. Les officiers et les autorités invitées furent réunis dans la même salle, et montrèrent le même accord. Les sentimens les plus loyaux furent exprimés et reçus par les plus vives acclamations. On eut lieu de remarquer la santé proposée par le général Decaen : « Au » nom du Roi, ses droits sont sacrés : jurons tous de » les défendre jusqu'à la dernière goutte de notre » sang ».

Au milieu de toutes ces illusions, on apprit l'approche de Clauzel avec une force de deux cents hommes et quatre-vingts cavaliers.

Il n'y a aucun doute que la garde nationale de Bordeaux n'eût pu seule arrêter ses progrès, et même la détruire, si elle eût été organisée et armée; mais que pouvoit-elle dans la situation où elle étoit, laissant sur les derrières des troupes disposées, comme on devoit bientôt en acquérir la preuve, à la placer entre deux feux?

Ce ne fut qu'au dernier moment que le gouverneur parla avec quelque force aux deux chefs de la garde nationale. Il leur donna ordre d'envoyer dès le lendemain des détachemens pour être placés sur les différentes routes par où pouvoit arriver Clauzel. Sur la difficulté que le commandant de la garde nationale trouvoit à pouvoir réunir ses hommes, dispersés dans les différens quartiers, le gouverneur ordonna que l'on fît battre un rappel. L'exécution de ce moyen fit connoître ce qu'on pouvoit attendre du zèle de la garde nationale et des bonnes dispositions des citoyens. Dans un instant les gardes nationales furent à leur poste et entourées d'une foule de citoyens qui excitoient leur dévouement.

Les détachemens partirent le lendemain. La principale force fut portée sur la rive gauche de la Dordogne, au passage du Cubsac, avec deux pièces de canon de petit calibre, qui composoient toute notre artillerie; là on put voir combien le gouverneur avoit mis de négligence, ou combien il avoit été mal obéi. Il avoit ordonné que le pont volant fût conduit sur la rivière, décoré du pavillon tricolore, que nos braves enlevèrent. Les deux troupes se disputoient le pont; il y eut un léger combat où nous eûmes l'avantage, et il fut décidé que le pont ne seroit pas déplacé, mais qu'il seroit rendu inutile aux deux partis.

Après quelques escarmouches, Clauzel invita la garde nationale à envoyer un parlementaire, auquel il donna l'assurance que tous les égards possibles seroient employés envers S. A. R.; qu'elle seroit maîtresse de se retirer là où elle jugeroit à propos; qu'il lui seroit même fourni une escorte, si elle le désiroit; mais qu'il falloit que les bordelais se soumissent; que la résistance seroit vaine; qu'il attendoit une réponse le lendemain matin; qu'il y auroit amnistie pour tout le monde. Ce parlementaire pria un de mes amis de me dire que j'étois le seul excepté, et je m'y attendois.

On résolut que le conseil général du département et le conseil municipal seroient assemblés pour qu'ils décidassent concurremment s'il y avoit lieu à la résistance; et que la garde nationale seroit aussi rassemblée dans le même effet.

Les premières pensées des conseils réunis se portèrent sur les dangers que pouvoit courir S. A. R., et sur les moyens de l'en garantir. En général, ils ne montrèrent aucune disposition à la résistance, excepté MM. Dussumier et de Mondenard, et ils renvoyèrent la détermination à prendre, jusqu'à ce que l'on fût assuré que la garde nationale auroit des moyens de défense suffisans, ce dont on parut infiniment douter.

Sur le rapport qui fut fait de cette délibération au conseil de la Princesse, S. A. R. déclara qu'elle désiroit que la sûreté de sa personne n'entrât pour rien dans les motifs de la détermination à prendre; qu'elle ne croiroit jamais avoir rien à craindre au milieu des Français; que si sa présence étoit nécessaire à la ville, elle étoit déterminée à n'en point sortir; que si au contraire on jugeoit utile qu'elle s'éloignât, elle étoit prête à partir; qu'elle ne pouvoit dissimuler avec quel regret elle quitteroit la France et la ville de Bordeaux; mais qu'il n'y avoit aucun sacrifice qui lui coûtât, pour donner aux Français et aux bordelais des preuves de l'attachement qu'elle leur portoit.

Le général Decaen crut enfin devoir faire connoître quelles étoient les dispositions des troupes à Bordeaux, et signifia qu'elles avoient déclaré que si la garde nationale attaquoit les troupes qui s'avançoient, *leur honneur* leur prescrivoit de se joindre à leurs frères d'armes. On fit observer qu'il n'étoit pas question d'attaquer de la part de la garde nationale, mais de se défendre; et on l'interpella de déclarer si la troupe de ligne vouloit être neutre ou non, vu qu'une réponse catégorique à cet égard étoit nécessaire à l'honneur de la ville. Il refusa de donner d'autre réponse. Alors le général Harispe exagéra les dangers que couroient les habitans, prétendant qu'il y avoit dans la ville deux mille hommes qui devoient se joindre aux soldats, et il ajouta que je devois mieux que personne en savoir quelque chose. Je déclarai que je n'en voyois rien : la perfidie de ces deux généraux parut alors dans tout son jour.

Il fut déterminé qu'il seroit répondu à Clauzel, que S. A. R. désiroit surtout empêcher l'effusion du sang; qu'elle préféroit se retirer, si sa présence pouvoit conduire à un pareil malheur; et que les autorités civile et militaire demandoient vingt-quatre heures pour préparer le départ de la Princesse, d'une manière digne de sa naissance et de son rang.

Dans l'intervalle de ces délibérations, il y eut différens faits militaires, qui ne peuvent laisser aucun doute, que le courage seul de notre brave garde n'eût efficacement défendu la ville; mais qu'elle étoit mal commandée, et manquoit de cartouches.

La nuit suivante, on vint m'éveiller à trois heures, pour me dire qu'un garde national avoit passé à cheval devant l'hôtel-de-ville, en criant qu'il falloit m'avertir de me rendre le plus tôt possible au château. J'y appris que S. A. R. étoit déterminée à partir: que Clauzel s'avançoit, et que toute résistance devenoit infructueuse. J'ai su depuis que Clauzel s'étoit fortifié de tout ce qu'il y avoit de disponible à la citadelle de Blaye, où il n'étoit resté que des malades.

J'eus l'honneur de voir S. A. R., qui me confirma la détermination qu'elle avoit prise de s'éloigner, afin d'éviter que la garde nationale ne s'exposât pour elle à des malheurs, sans qu'il pût en résulter aucun avantage pour le service du Roi et la conservation de la ville.

En sortant de chez la Princesse, je trouvai le garde national qui avoit communiqué avec Clauzel. Il me confirma ce que le général avoit dit des dispositions me concernant.

Revenu à l'hôtel-de-ville, j'y reçus divers rapports, tous plus affligeans les uns que les autres.

Les volontaires royaux qui étoient désignés pour accompagner S. A. R. depuis la demi-distance de

Bordeaux à Pouillac, partirent pour aller l'attendre à Margaux. Cependant cette courageuse Princesse voulut encore faire un effort envers les soldats pour les conserver fidèles au Roi. Elle se rendit à leurs casernes, et leur parla avec une force, une dignité et une bonté qui ne peuvent se montrer qu'en elle; mais ils n'en furent point touchés, et sans manquer au respect auquel S. A. R. a tant de droit, ils persistèrent dans leurs mauvaises dispositions. On assure cependant que de jeunes soldats ont montré beaucoup de regrets, et qu'ils ont dit que, sans les anciens qui les menaçoient, ils se seroient rangés à leur devoir. Ainsi MADAME a tenu bien au-delà de ce qu'on pouvoit attendre, et exécuté ce qu'elle m'avoit fait l'honneur de me dire souvent : « Je ferai » tout ce que je pourrai pour conserver au Roi une » ville qui lui a donné une si grande marque de fidé- » lité ». Mais en satisfaisant à son devoir, elle a satisfait aussi à ce que l'humanité prescrivoit à son excellent cœur, en invitant et même en ordonnant à la garde nationale de ne point s'exposer inutilement. Autant elle a été, je crois, convaincue que les choses ont été amenées de manière qu'il étoit impossible qu'elles eussent une issue glorieuse pour la ville de Bordeaux, autant elle l'a été du courage et du dévouement de la garde nationale, et de la sincérité de l'attachement de la grande majorité des habitans de cette ville à la cause du Roi.

La visite des casernes fut cause que S. A. R. partit très-tard de Bordeaux ; en sorte qu'elle ne se rendit à Pouillac, que la nuit du samedi au dimanche, par un chemin affreux. Elle entendit la messe en arrivant ; et après un déjeûner léger, auquel elle voulut bien m'admettre, elle se rendit au port, entourée de tous les gardes royaux qui l'avoient accompagnée. C'est en fondant en larmes et le cœur brisé, que j'eus l'honneur de la conduire au canot de la corvette du roi d'Angleterre, *the Wenderer*, qui l'a portée à Saint-Sébastien, et je m'embarquai dans le navire marchand anglais, le *William Sibbald*, dans lequel je suis arrivé au port de Plymouth le 13 avril.

N.° 3.

Protestation de M. Lainé, *président de la chambre des députés.*

Au nom de la nation française, et comme président de la chambre des représentans, je déclare protester contre tous décrets par lesquels l'oppresseur de la France prétend prononcer la dissolution des chambres. En conséquence, je déclare que tous les propriétaires sont dispensés de payer des contributions aux agens de Napoléon Buonaparte, et que toutes les familles doivent se garder de tournir, ou par voie de conscription ou de recrutement quelconque, des hommes pour sa force armée. Puisqu'on attente d'une manière aussi outrageante aux droits et à la liberté des Français, il est de leur devoir de maintenir *individuellement* leurs droits; depuis long-temps dégagés de leurs sermens envers Napoléon Buonaparte, et liés par leurs vœux et leurs sermens à la Patrie et au Roi, ils se couvriroient d'opprobre aux yeux des nations et de la postérité, s'ils n'usoient pas des moyens qui sont au pouvoir de chaque individu. L'histoire, en conservant une reconnoissance éternelle pour les hommes qui, dans tous les pays libres, ont refusé tout secours à la tyrannie, couvre de son mépris les citoyens qui oublient assez leur dignité d'homme pour se soumettre à ses misérables agens. C'est dans la persuasion que les Français sont assez convaincus de leurs droits, pour m'imposer le devoir sacré de les défendre, que je fais publier la présente protestation qui, au nom des honorables collègues que je préside, et de la France qu'ils représentent, sera déposée dans les archives, à l'abri des atteintes du tyran, pour y avoir recours au besoin.

Signé Lainé.

Bordeaux, ce 28 mars 1815.

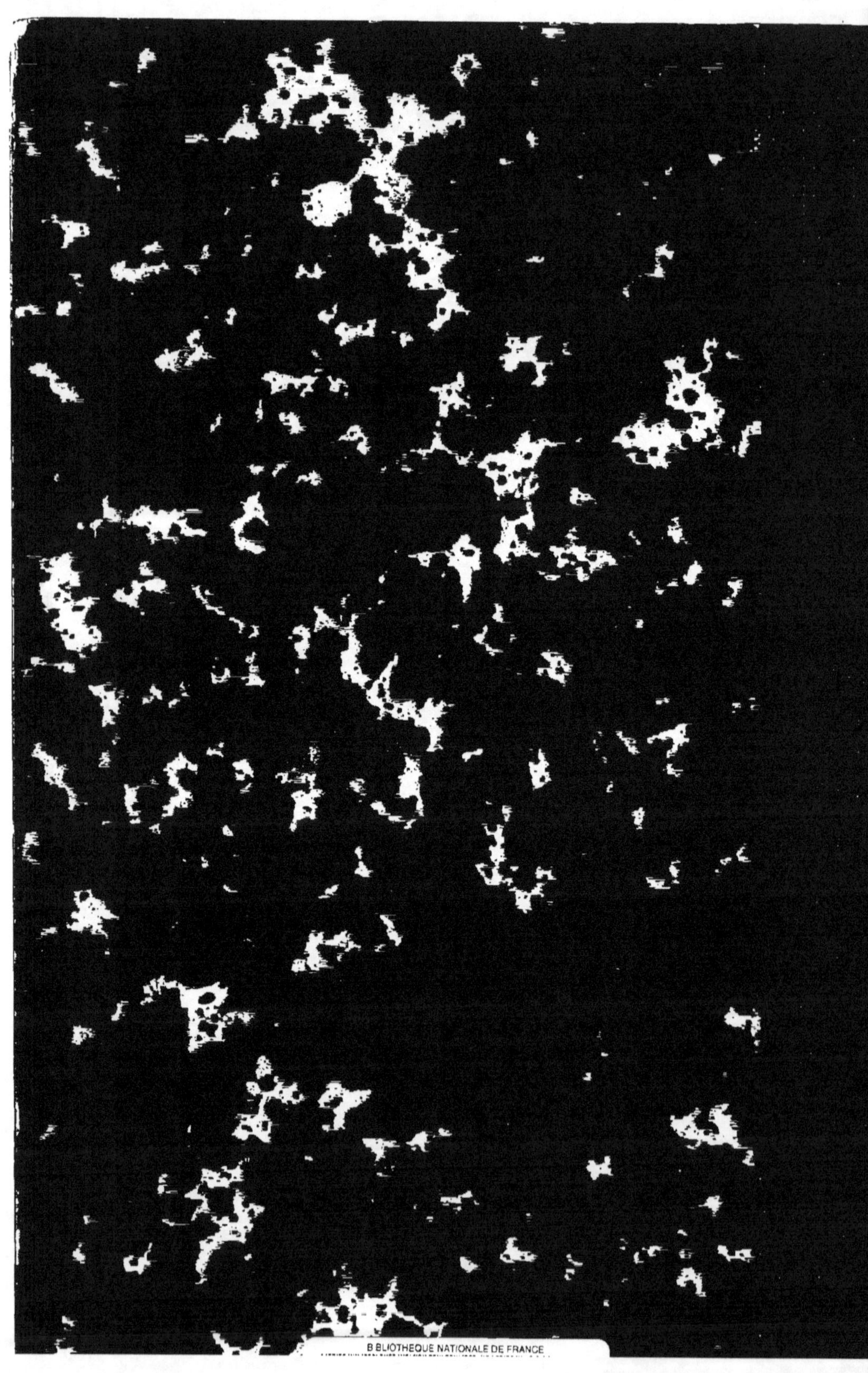

www.ingramcontent.com/pod-product-compliance
Lightning Source LLC
LaVergne TN
LVHW020346230826
846091LV00003B/1011

* 9 7 8 2 0 1 3 2 5 1 7 8 5 *